Práticas Neuropsicopedagógicas: TDAH e TEA

Rosana Auricchio

Doutoranda do Programa de Língua Portuguesa (PUC-SP), Mestre em Educação (UNICID), Especialista em Psicopedagogia (UNINTER), Graduada em Pedagogia (PUC-SP), Professora, coordenadora e gestora acadêmica com experiência de quarenta e três anos da Educação Infantil ao Ensino Superior, pesquisadora, autora e consultora educacional na Clínica Primeira Consulta.

Jorge Marques Pontes

Graduado em Filosofia e Mestre em Políticas Públicas, com especializações em Gestão Pública, Saúde Pública, Neurociência e Psicopedagogia. Com uma carreira acadêmica de mais de 20 anos, leciona em cursos de Pedagogia, Psicologia e Direito. Exerceu a função de coordenador nos cursos superiores de Tecnologia em Gestão Hospitalar e Gestão Pública. Escritor e palestrante, sua vasta experiência acadêmica e interdisciplinaridade garantem uma visão abrangente e profunda nos campos da Neuropsicopedagogia e Educação.

Rosana Auricchio
Coordenadora
Jorge Marques Pontes
Organizador

Práticas Neuropsicopedagógicas: TDAH e TEA

Jefte Editora
São Paulo
2024

Editoração Eletrônica e Capa
Graphien Diagramação e Arte
graphien.diagramacao@gmail.com

Jefte Livros
Rua: Francisco Marengo, 1395 – Tatuapé
São Paulo-SP • CEP: 03313-001
Tel: +55 (11) 2295-5207

Impresso no Brasil

P912 Práticas neuropsicopedagógicas: TDAH e TEA. / Jorge Marques Pontes (org.), Rosana Auricchio (coord.). — São Paulo: Jefte Editora, 2024.

183 p. il.:

Vários autores.
ISBN: 978-85-67487-13-7

1. Educação 2. Pedagogia 3. Inclusão I. Marques, Jorge Pontes II. Auricchio, Rosana III. SILVA, Rafael Dias IV. Fernandes, Fernanda Guglielmo. V. Fernandes, João Vítor Guglielmo VI. Silva, Leonam Auricchio VII. Pinto, Renata Cardoso VII. Pinto, Norival IX. Lindolfo, Elaine Cristina X. Pereira, Grace Luciana XI. Título

CDD 616.85

*Catalogação na fonte: Kelli Helena CRB/87607

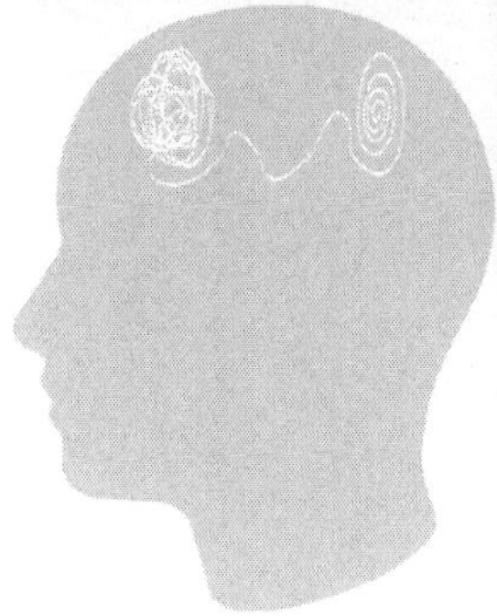

Sumário

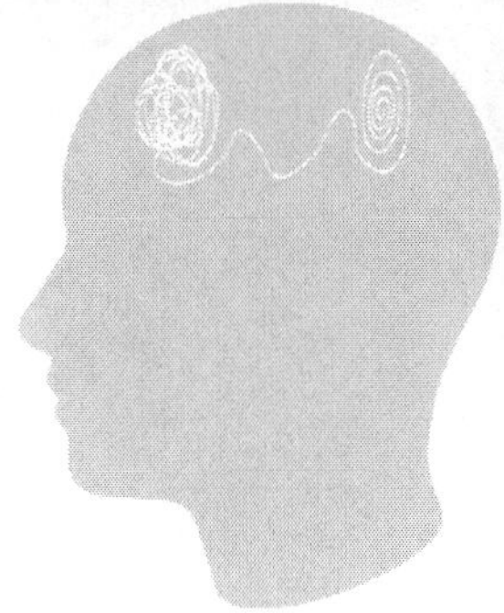

Prefácio

Honrado com o convite da professora Rosana Auricchio para prefaciar este livro. Asseguro que essa obra, a primeira de uma coletânea, certamente representará uma contribuição significativa para as pesquisas relacionadas a este tema.

O livro "Práticas Neuropsicopedagógicas: TDAH e TEA" é crucial para a educação e o tratamento de estudantes com Transtorno de Déficit de Atenção e Hiperatividade (TDAH) e com Transtorno do Espectro Autista (TEA). Ele promove a educação inclusiva ao oferecer estratégias adaptadas para atender às necessidades específicas desses estudantes.

O livro apresenta intervenções práticas e baseadas em evidências, que podem ser aplicadas em contextos educacionais e terapêuticos, melhorando o desenvolvimento cognitivo, emocional e social. Além disso, aumenta a conscientização e sensibilização sobre os desafios enfrentados por esses indivíduos, ajudando a reduzir o estigma.

A obra enfatiza a multidisciplinariedade, promovendo a colaboração entre profissionais de diferentes áreas, e é fundamentada em pesquisas científicas, garantindo a eficácia das práticas recomendadas. Fornece recursos práticos e acessíveis para educadores e terapeutas, facilitando a aplicação das teorias no dia a dia e contribuindo para a inclusão e qualidade de vida dos indivíduos com TDAH e TEA.

A motivação para a escrita deste livro surgiu da crescente necessidade de desenvolver abordagens educacionais e terapêuticas eficazes para atender às demandas específicas de indivíduos com Transtorno de Déficit de Atenção e Hiperatividade (TDAH) e com Transtorno do Espectro Autista (TEA). Com o aumento do diagnóstico desses transtornos, educadores, terapeutas e pais enfrentam desafios significativos para proporcionar um ambiente de aprendizagem inclusivo e eficaz.

Os autores buscaram oferecer uma ferramenta prática e baseada em evidências para apoiar esses profissionais na implementação de estratégias que promovam o desenvolvimento integral desses indivíduos.

A importância do tema abordado no livro é destacada por várias razões. Primeiramente, TDAH e TEA são transtornos do neurodesenvolvimento que afetam milhões de pessoas em todo o mundo, influenciando em sua capacidade de aprendizado, de socialização e de desenvolvimento emocional. Abordar esses transtornos, de maneira eficaz, é essencial para garantir que esses indivíduos tenham as mesmas oportunidades de sucesso e vivência social que seus pares neurotípicos.

Além disso, o livro enfatiza a necessidade de práticas educacionais inclusivas e museais, que são fundamentais para promover a igualdade de oportunidades e combater o estigma e a discriminação frequentemente associados ao TDAH e TEA.

A inclusão educacional não só beneficia os indivíduos com esses transtornos, mas também enriquece o ambiente de aprendizado para todos os estudantes, promovendo uma cultura de aceitação e respeito à diversidade.

No capítulo, "Promovendo a Educação Inclusiva: Museus acessíveis e Experiências adaptadas para Visitantes com Transtorno do Espectro Autista (TEA)" o autor Rafael

Dias Silva explora a importância de tornar os museus acessíveis para pessoas com TEA. O autor descreve estratégias e adaptações necessárias para criar experiências inclusivas que atendam às necessidades sensoriais e comportamentais desses visitantes, promovendo a educação inclusiva e a participação plena em ambientes culturais.

No capítulo "TDAH: O Lado de Fora. A Culpa não é sua, não se Limite" os autores Fernanda Guglielmo Fernandes e João Vítor Guglielmo Fernandes discutem as percepções externas e os desafios enfrentados por pessoas com TDAH. Eles enfatizam que a culpa pelo transtorno não deve recair sobre os indivíduos, destacando a importância de compreensão e de apoio adequados para que não se limitem por conta de seu diagnóstico.

No capítulo "Transtorno do Espectro Autista (TEA): um modismo ou um "novo" desafio" os autores Rosana Auricchio e Leonam Auricchio da Silva abordam a crescente visibilidade do TEA na sociedade, questionando se é apenas uma tendência passageira ou um desafio emergente. Eles analisam a evolução das concepções sobre o TEA e as implicações para o diagnóstico, o tratamento e a inclusão social.

No capítulo "A Criança Autista e os Aspectos de seu Desenvolvimento" a autora Renata Cardoso Pinto examina os diversos aspectos do desenvolvimento de crianças autistas, incluindo suas habilidades cognitivas, sociais e emocionais. A autora destaca a importância de intervenções precoces e de abordagens terapêuticas adaptadas para apoiar o desenvolvimento integral dessas crianças.

No capítulo "TDAH nos Ambientes Educacionais" o autor Jorge Marques Pontes discute os desafios e as estratégias para lidar com estudantes com TDAH em contextos educacionais. Ele apresenta métodos pedagógicos e adaptações que podem ser implementados para facilitar a aprendizagem e a integração desses estudantes na sala de aula.

No capítulo "A Psicomotricidade no TEA e no TDAH" o autor Norival Pinto aborda a relevância da psicomotricidade no tratamento de indivíduos com TEA e com TDAH. Ele explora como as atividades psicomotoras podem auxiliar no desenvolvimento físico, emocional e cognitivo, melhorando a qualidade de vida e a integração social dessas pessoas.

No capítulo "Da Exclusão à Inclusão: um Caminho com muitos Desafios e algumas Oportunidades" a autora Rosana Auricchio reflete sobre a trajetória da exclusão à inclusão de pessoas com deficiência. Ela analisa os desafios enfrentados e as oportunidades que surgem ao adotar práticas inclusivas, enfatizando a importância de políticas e de atitudes que promovam a igualdade de oportunidades.

E no capítulo "Liderança pedagógica: por um ambiente inclusivo e sem estigmas" as autoras Elaine Cristina Lindolfo e Grace Luciana Pereira destacam o papel crucial da liderança pedagógica na criação de ambientes educacionais inclusivos. Elas discutem estratégias para eliminar estigmas e promover uma cultura de inclusão, onde todos os estudantes são valorizados e apoiados em seu desenvolvimento.

De forma geral, esta obra fornece estratégias práticas para promover a inclusão de estudantes com TDAH e com TEA em ambientes educacionais e terapêuticos, garantindo que todos os estudantes ou pacientes tenham acesso a uma educação de qualidade, contribuindo para a construção de uma cultura escolar mais inclusiva e equitativa. Também aumenta a conscientização sobre os desafios enfrentados por indivíduos com TDAH e com TEA, ajudando a reduzir o estigma e promovendo maior compreensão e empatia por parte de educadores, de colegas e da sociedade em geral.

Com recursos práticos como atividades, jogos e estratégias que podem ser aplicados imediatamente, o livro facilita a implementação de práticas inclusivas e eficazes no dia a dia. Fundamentado em pesquisas científicas, ele garante que as práticas recomendadas sejam baseadas em evidências, aumentando a confiança dos profissionais na eficácia das intervenções propostas, enfatizando a importância de intervenções que considerem o desenvolvimento cognitivo, emocional e social dos indivíduos, promovendo uma abordagem que valoriza o ser humano em sua totalidade.

Além disso, serve como uma valiosa ferramenta de formação e capacitação para educadores, terapeutas e outros profissionais, equipando-os com os conhecimentos e as habilidades necessários para atender às necessidades desses indivíduos de maneira eficaz.

Prof. Me. Rafael Dias Silva

Doutorando em Educação pela Universidade do Porto, Mestre em Educação com ênfase em Formação de professores pela Universidade de Sorbonne, Pós-graduado em Educação Especial e Graduado em Ciências da Natureza pela Universidade de São Paulo (USP). Formador de professores, revisor técnico de material didático e escritor pelo Universitário Sistema Educacional, Professor no Centro Universitário de Tecnologia Carlos Drummond de Andrade, pesquisador, formador de professores em acessibilidade no Museu do Louvre (CLEF) em Paris e membro do Conselho Internacional de Museus (ICOM) no Brasil e França, além de escritor e palestrante.

PROMOVENDO A EDUCAÇÃO INCLUSIVA: MUSEUS ACESSÍVEIS E EXPERIÊNCIAS ADAPTADAS PARA VISITANTES COM TRANSTORNO DO ESPECTRO AUTISTA (TEA)

Rafael Dias Silva (*)

INTRODUÇÃO

Nos últimos anos, tem havido um aumento significativo na conscientização sobre a importância da acessibilidade em espaços culturais, incluindo museus, para garantir que todos os visitantes tenham experiências enriquecedoras e inclusivas. No entanto, para pessoas com Transtorno do Espectro Autista (TEA), as barreiras sensoriais, sociais e comunicativas podem representar desafios significativos ao desfrutar desses espaços.

Uma pessoa com Transtorno do Espectro Autista (TEA) é uma pessoa que tem uma condição neurológica caracterizada por diferenças na comunicação, interação social e comportamento. As características do TEA podem variar, significativamente, de uma pessoa para outra, mas,

(*) Doutorando em Educação pela Universidade do Porto, Mestre em Educação com ênfase em Formação de professores pela Universidade de Sorbonne, Pós-graduado em Educação Especial e Graduado em Ciências da Natureza pela Universidade de São Paulo (USP). Formador de professores, revisor técnico de material didático e escritor pelo Universitário Sistema Educacional. Professor no Centro Universitário de Tecnologia Carlos Drummond de Andrade, pesquisador, formador de professores em acessibilidade no Museu do Louvre (CLEF) em Paris e membro do Conselho Internacional de Museus (ICOM) no Brasil e França, além de escritor e palestrante.

geralmente, incluem, dificuldades na comunicação, desafios na interação social, comportamentos repetitivos e restritos.

O importante é ressaltar que o TEA é uma condição complexa e que cada pessoa com TEA é única, com suas próprias habilidades, desafios e necessidades. Portanto, abordagens e estratégias de apoio devem ser individualizadas e adaptadas para atender às necessidades específicas de cada pessoa com TEA.

Diante do cenário atual, a potência dos espaços museais na educação tem sido cada vez mais reconhecida e valorizada. Os museus não são apenas locais de preservação e exposição de arte e de história, mas também são espaços de aprendizado dinâmico, interativo e inclusivo. Nesse contexto, o tema da acessibilidade nos museus tornou-se uma prioridade para instituições culturais em todo o mundo. Compreender as necessidades e adaptar as experiências para os visitantes com TEA tornou-se essencial para promover a inclusão e garantir que todos tenham a oportunidade de participar plenamente da vida cultural e educacional.

A Organização Mundial da Saúde (OMS) em seu relatório publicado no ano de 2019 estimava que cerca de 1 em cada 160 crianças em todo o mundo tenha TEA. Nos Estados Unidos, o Centro de Controle e Prevenção de Doenças (CDC) em seu relatório publicado no ano de 2020, estimava que cerca de 1 em cada 54 crianças foi diagnosticada com TEA.

No Brasil, o Instituto Brasileiro de Geografia e Estatística (IBGE) não possui dados específicos sobre a prevalência do TEA. No entanto, estudos epidemiológicos recentes, datados de 2022, indicam uma prevalência significativa da condição na população brasileira.

No contexto educacional brasileiro, a inclusão de crianças e de adolescentes com Transtorno do Espectro Autista (TEA) em salas de aula regulares tem sido uma temática cada vez mais relevante e prioritária. Entre os anos de 2022 e 2023, testemunhamos um aumento de 50% no número desses estudantes matriculados em salas de aula comuns, ou seja, compartilhando o espaço educacional com colegas sem deficiência.

Segundo o Censo de Educação Básica o número saltou de 405.056 para 607.144 matrículas nesse período. Em 2017, o total de estudantes com TEA em escolas públicas e privadas não chegava nem a 100 mil, segundo o Instituto Nacional de Estudos e Pesquisas Educacionais Anísio Teixeira (INEP). Esse crescimento expressivo, não apenas reflete uma mudança numérica, mas também indica uma significativa evolução na abordagem inclusiva das escolas brasileiras, evidenciando um movimento de valorização da diversidade e do respeito às necessidades individuais de cada estudante.

ESPAÇOS MUSEAIS

Os espaços museais são verdadeiros tesouros que guardam a rica história, cultura e diversidade de um país. Desde os imponentes museus em grandes centros urbanos até as pequenas galerias espalhadas por todo território, cada museu oferece uma experiência única e enriquecedora aos seus visitantes. Esses espaços não apenas abrigam artefatos e obras de arte, mas também contam histórias, promovem reflexões e despertam emoções em quem os visita.

Com uma vasta gama de temas e abordagens, os museus oferecem algo para todos os gostos e os interesses.

Dos museus de história natural aos museus de arte contemporânea, dos museus de ciência aos museus históricos, há uma infinidade de opções para explorar e descobrir. Além disso, muitos museus também oferecem programas educativos, atividades interativas e exposições itinerantes, tornando-os espaços dinâmicos e acessíveis a pessoas de todas as idades e origens.

Ao longo dos anos, os espaços museais têm desempenhado um papel fundamental na preservação e na divulgação do nosso patrimônio cultural, contribuindo para a construção da identidade nacional, do fortalecimento dos laços comunitários e da formação continuada de professores. Por meio das suas coleções e das suas atividades, os museus oferecem uma oportunidade única de conectar o passado ao presente e de celebrar a diversidade e a criatividade de povos de várias culturas por meio de novas tipologias educacionais.

No contexto nacional, é notável o crescimento do interesse dos brasileiros pelos espaços museais nos últimos tempos. De acordo com dados do Instituto Brasileiro de Museus (Ibram), órgão vinculado ao Ministério da Cidadania, o primeiro semestre deste ano registrou um aumento significativo de 31% na visitação dos museus, comparado ao mesmo período do ano anterior. Essa tendência ascendente, não apenas revela um maior engajamento do público com a cultura e a arte, mas também ressalta a importância dos museus como locais de encontro, de aprendizado e de apreciação cultural.

Este aumento no número de visitantes, reflete não apenas a riqueza e a diversidade do patrimônio cultural do país, mas também a capacidade dos museus de se reinventarem e se tornarem espaços cada vez mais atrativos e acessíveis ao público em geral.

Nesse contexto, este texto analisa o título "Promovendo a Educação Inclusiva: Museus Acessíveis e Experiências Adaptadas para Visitantes com Transtorno do Espectro Autista", explorando as estratégias e práticas educacionais e pedagógicas que os museus podem empregar para ajustar suas experiências de acordo com às necessidades dos visitantes com TEA, por meio de uma abordagem centrada no visitante e colaborativa, é possível criar ambientes acolhedores e significativos que atendam às necessidades individuais e incentivem o envolvimento de todos os públicos.

Ao analisar exemplos de boas práticas e destacar os benefícios da acessibilidade nos museus, este texto busca fornecer ideias valiosas para profissionais da área cultural, educadores, coordenadores, supervisores, pedagogos, professores, pais e cuidadores, incentivando o desenvolvimento de espaços, culturalmente, ricos e, verdadeiramente, inclusivos para todos.

MUSEUS ACESSÍVEIS

Museus Acessíveis são espaços culturais projetados e adaptados para receber e engajar visitantes de todas as habilidades e necessidades. Esses museus priorizam a inclusão, garantindo que pessoas com deficiências físicas, sensoriais ou cognitivas tenham acesso igualitário às suas coleções e às suas experiências educativas. Sua importância reside na promoção da igualdade de acesso à cultura, permitindo que todos desfrutem das riquezas artísticas e históricas presentes nos museus.

Além disso, os Museus Acessíveis desempenham um papel crucial na educação, sensibilizando o público sobre as diferentes formas de deficiência e promovendo a aceitação e o respeito pela diversidade. Ao quebrar barreiras físicas e sociais, esses museus ampliam o alcance e o impacto social e político das instituições culturais, tornando-as, verdadeiramente, inclusivas e democráticas.

Promover a Educação Inclusiva por meio de Museus Acessíveis, é uma prioridade crescente em instituições culturais ao redor do mundo. Estabelecer espaços onde todos os visitantes, independentemente de suas habilidades, possam participar, plenamente, das experiências educativas e culturais é essencial. Museus acessíveis oferecem recursos como: rampas, guias em braile, áudio descrições e língua de sinais, ampliando o acesso para pessoas com diferentes necessidades.

Além disso, programas educacionais adaptados, workshops e materiais didáticos inclusivos contribuem para tornar o ambiente museal mais acolhedor e estimulante para todos. Ao promover a acessibilidade, os museus não apenas cumprem seu papel educativo, mas também reforçam valores de inclusão e de diversidade em suas comunidades.

Para garantir a eficácia das práticas e estratégias mencionadas para tornar os museus acessíveis aos visitantes com TEA, os espaços museais podem adotar algumas abordagens, tais como, o envolvimento de especialistas em TEA, como: psicólogos, terapeutas ocupacionais ou educadores especializados, para orientar a adaptação das experiências do museu e garantir que atendam às necessidades específicas dos visitantes com TEA.

Além de solicitar uma consulta pública de pessoas com TEA e suas famílias sobre suas experiências em museus usando essas referências para informar as práticas de acessibilidade, podendo ser feito por meio de grupos de foco, de entrevistas ou de pesquisas. A formação continuada para os funcionários do museu, a partir de um treinamento abrangente sobre como interagir, acolher e apoiar os visitantes com TEA de maneira eficaz pode trazer resultados interessantes e produtivos.

A conscientização sobre as características do TEA, estratégias de comunicação e técnicas de apoio comportamental também precisam entrar nessa pauta.

Realizar avaliações regulares da acessibilidade do museu para garantir que as práticas e estratégias estejam funcionando conforme o planejado e façam ajustes conforme necessário com base no feedback dos visitantes e dos funcionários precisa estar no cronograma de ações.

Ao implementar essas medidas, os museus podem criar ambientes acolhedores e significativos que atendam às necessidades individuais dos visitantes com TEA, promovendo o engajamento de todos os públicos e contribuindo para a construção de espaços, verdadeiramente, inclusivos e culturalmente ricos.

MUSEU DA LÍNGUA PORTUGUESA

O Museu da Língua Portuguesa foi inaugurado em 20 de março de 2006, na cidade de São Paulo e está localizado na histórica Estação da Luz e é dedicado à celebração da língua portuguesa em suas diversas formas e manifestações.

O Museu da Língua Portuguesa celebra a riqueza e a diversidade desta língua que une os brasileiros em todo o mundo lusófono.

Os visitantes são convidados a embarcar em uma jornada fascinante pelas muitas nuances e pelos encantos da língua portuguesa, desde suas origens até sua evolução contemporânea, no qual o museu oferece uma experiência imersiva que envolve todos os sentidos. Além disso, o Museu da Língua Portuguesa não apenas celebra o passado, mas também olha para o futuro, oferecendo uma variedade de programas educativos e culturais que promovem o aprendizado e o entendimento da língua portuguesa em todas as suas formas e seus contextos.

O Museu da Língua Portuguesa é conhecido por sua dedicação à diversidade cultural e inclusiva. Uma das suas ações é o Programa de Acessibilidade que tem como objetivo garantir o direito a todas as pessoas a usufruírem de bens culturais, com vistas para construção de sociedades participativas, plurais e que respeitem a diversidade e que está sendo implantado.

Inspirado no modelo de acessibilidade social, esse programa busca a construção de um diálogo com pessoas com e sem deficiências, a fim de identificar e reconhecer a exclusão, aprender sobre a diversidade e propor soluções para a diminuição de barreiras físicas, organizacionais e comportamentais. Tem como compromisso o combate ao capacitismo nos espaços culturais, compreendendo à necessidade de conceber equipes plurais, que pensem a diversidade e a acessibilidade a partir da convivência cotidiana entre as diversas equipes do Museu da Língua Portuguesa.

A Declaração Internacional dos Direitos Humanos (1948), em seu artigo 27, afirma que toda "pessoa tem o direito de tomar parte livremente na vida cultural da comunidade, de fruir as artes, e de participar do progresso científico e nos benefícios que destes resultam".

Independente de condições individuais tais como origem, classe social, raça, gênero, faixa etária, experiência prévia, condição congênita, aquisição de deficiência, ou quaisquer outros fatores impressos em contexto sóciohistóricos, todos têm o direito a usufruir de equipamentos e de manifestações culturais, assim como bens artísticos e do desenvolvimento científico.

Uma das ações dentro do Programa de Acessibilidade, desenvolvidas no Museu da Língua Portuguesa, onde participei da sua construção foi o "Programa Pertencer". Este é um Programa de Residência Educativa em Acessibilidade para pessoas com deficiência com o objetivo de aprender com a diversidade.

As práticas desenvolvidas pelo Projeto Deficiente Residente, criado em 2010 pelo Educativo do Museu do Futebol, são as bases para o desenvolvimento do Programa de Residência Educativa em Acessibilidade do Museu da Língua Portuguesa, que tem como propósito estimular a participação de pessoas com deficiência em processos educativos.

A residência tem como objetivo a convivência entre pessoas com e sem deficiência, por compreenderem que conviver promove um processo contínuo de descoberta de si e do outro, de partilha das experiências tanto comuns quanto distintas. Esta convivência possibilita a diminuição de barreiras atitudinais, articula a construção de novas leituras sobre acessibilidade em museus e fomenta a criação de materiais e ações educativas que pensem acessibilidade como ferramenta dialógica e, a cada ano, uma pessoa com deficiência residirá por quatro meses com educadores, orientadores e demais colaboradores do Museu da Língua Portuguesa.

O programa teve início em 2022 e aconteceu nos meses de julho, agosto, setembro e outubro, sendo que a primeira edição recebeu uma pessoa surda com domínio em Língua Brasileira de Sinais (Libras), Língua Portuguesa como segunda língua (L2) e oralizado, que esteve durante doze encontros com uma carga horária de seis horas.

O Programa Pertencer tem como compromisso a instauração de um espaço permanente de diálogo, de reflexão e de compartilhamento de informações sobre diversidade, inclusão e acessibilidade cultural e social. Os objetivos do programa estão circunscritos na promoção de recursos de acessibilidade no interior das atividades realizadas pelo Núcleo Educativo do MLP, o que compreende a promoção da sensibilização, formação e convivência entre os trabalhadores da instituição e as pessoas com deficiência.

Por meio da residência, uma pessoa com deficiência realizará atividades no interior das práticas educativas propostas pelo Núcleo Educativo, dentro da perspectiva de formação continuada e de elaboração de atividades e de propostas com enfoque nas questões de acessibilidade do Museu. A residência tem vocação para estímulo à criação de materiais educativos e demais conteúdos, pensar novas estratégias para o atendimento e a melhoria das atividades executadas com o público formado por pessoas com deficiência.

Durante o período que estive envolvido nas atividades no Museu da Língua Portuguesa, totalizando trinta e um meses, realizei 134 mediações educativas para visitantes com Transtorno do Espectro Autista e outras deficiências associadas. De forma geral, desenvolvi atividades educativas, jogos e mediações no espaço expositivo, além de inúmeras formações continuadas para professores e estudantes de licenciatura em pedagogia.

De forma geral, as ações direcionadas aos visitantes com Transtorno do Espectro Autista (TEA) no museu em virtude das minhas pesquisas sobre o tema, poderiam ser implementados ou adaptados, tais como, oferecimento de visitas guiadas com foco em experiências sensoriais, como iluminação suave, sons calmos e materiais táteis, para proporcionar um ambiente acolhedor e confortável para os visitantes com TEA, ou seja, são visitantes que precisam de previsibilidade.

O desenvolvimento de materiais educativos adaptados, como guias impressos ou digitais, que fornecem informações sobre as exposições de uma maneira visual e acessível, adequada para pessoas com diferentes estilos de aprendizagem e de formação dos funcionários do museu para interagir, para acolher e para apoiar.

MUSEU DO LOUVRE

O Museu do Louvre, desde sua abertura ao público em 1793, tem sido um espaço de referência para os estudos de arte, de história e de cultura. Anteriormente, foi uma fortaleza do século XII que evoluiu para um majestoso palácio real sob o reinado de Luís XIV, antes de se transformar no museu que hoje conhecemos. Recebeu no ano de 2023, por volta de 9 milhões de visitantes tornando, assim, o museu mais visitado do mundo. No coração de Paris, França, suas galerias e seus salões suntuosos abrigam tesouros inestimáveis, desde a Antiguidade até os dias atuais.

Dentro deste contexto, rico em significado e em beleza, o Louvre abre suas portas não apenas para apreciadores de arte e de história, mas também para aqueles que buscam uma experiência inclusiva e enriquecedora, especialmente, para pessoas com Transtorno do Espectro Autista (TEA).

No âmbito do Programa de Saúde e Deficiência, encontra-se o Programa de Autistas, um ciclo de intervenções estruturadas cuidadosamente. Este programa não apenas visa proporcionar acesso privilegiado ao museu, mas também se compromete em promover a inclusão e a compreensão das necessidades específicas dos visitantes com TEA.

Os participantes deste programa conhecido como CLEF (*Carte Louvre Education et Formation*) inclui o treinamento especializado para enriquecer seus conhecimentos e prepará-los para a visita. Além disso, garantem uma experiência mais personalizada e adaptada às suas necessidades.

No cerne do programa está a visita guiada ao Museu do Louvre, na qual os participantes têm a oportunidade não apenas de apreciar às obras de arte, mas também de desenvolver práticas e estratégias de acolhimento para visitantes com TEA. Sob a orientação de profissionais qualificados, exploram-se formas de tornar o espaço museal mais acessível e acolhedor, promovendo a inclusão e a igualdade de oportunidades para todos os visitantes.

A partir do ano de 2024, tenho a oportunidade de participar, ativamente, desse programa e colaborar na construção de projetos voltados para o seu público, contribuindo, assim, para tornar o museu um espaço, verdadeiramente, inclusivo e acessível para todos.

Ao proporcionar experiências enriquecedoras e acolhedoras para pessoas com TEA, o Louvre reafirma seu compromisso com a diversidade, a igualdade e a inclusão, celebrando a riqueza e a singularidade de cada indivíduo.

CONSIDERAÇÕES FINAIS

A crescente conscientização sobre acessibilidade em espaços culturais, como museus, reflete um compromisso global com a inclusão e a igualdade de oportunidades.

Para indivíduos com Transtorno do Espectro Autista (TEA), as barreiras sensoriais, sociais e comunicativas podem representar desafios significativos ao desfrutar desses ambientes.

O TEA é uma condição neurológica complexa, na qual cada pessoa possui características únicas, demandando abordagens individualizadas para atender às suas necessidades específicas. Nesse sentido, adaptar as experiências museais para atender a esse público torna-se essencial para promover a inclusão e garantir que todos tenham acesso à vida cultural e educacional.

Dados estatísticos, como os da Organização Mundial da Saúde (OMS) e do Centro de Controle e Prevenção de Doenças (CDC), destacam a relevância do tema, enquanto estudos epidemiológicos no Brasil ressaltam à necessidade de priorizar a inclusão de pessoas com TEA em diversos contextos, incluindo o educacional.

Os museus desempenham um papel fundamental na preservação e divulgação do patrimônio cultural, e a tendência crescente de visitação reflete não apenas um interesse renovado na arte e na história, mas também a importância de tornar esses espaços acessíveis a todos.

A promoção da educação inclusiva por meio de museus acessíveis, requer estratégias e práticas adaptadas, como o envolvimento de especialistas em TEA, formação de funcionários e avaliações regulares de acessibilidade. Essas medidas visam criar ambientes acolhedores e significativos para todos os públicos, promovendo o engajamento e a valorização da diversidade.

Exemplos como o Museu da Língua Portuguesa e o Museu do Louvre demonstram iniciativas bem-sucedidas na promoção da acessibilidade e da inclusão de pessoas com

TEA. Programas educativos adaptados e visitas guiadas especializadas são algumas das estratégias empregadas para garantir uma experiência enriquecedora e inclusiva para todos os visitantes.

REFERÊNCIAS

AIDAR, Gabriela. **Acessibilidade em Museus**: Ideias e Práticas em Construção. Revista Docência e Cibercultura, v. 3, n. 2, maio--ago., 2019, p. 155-175.

AURICCHIO, Rosana.; SILVA, Rafael. Dias. ***The Interfaces of Assessment Instruments:*** *New Evaluation Strategies and Practices Adapted for Inclusive Education. In: 16th annual International Conference of Education, Research and Innovation,* 2023, Seville, 2023. p. 4707.

ASSOCIAÇÃO BRASILEIRA DE NORMAS TÉCNICAS. **NBR 9050:** Norma Brasileira 9050- Acessibilidade a edificações, mobiliário, espaços e equipamentos urbanos. Rio de Janeiro, 2020.

BAVCAR, Evgen. **O museu de outra percepção**. In: Programa Igual Diferente (caderno 1). 2015. Editoração/Livro).

BRASIL. Casa Civil. Subchefia para Assuntos Jurídicos. **Lei Brasileira de Inclusão da Pessoa com Deficiência**, de 2015. Brasília, DF. Disponível em: http://www.planalto.gov.br/ccivil_03/_ato2015-2018/2015/lei/l13146.htm. Acesso em: maio. 2024.

__________. Conselho Nacional de Direitos da Pessoa Portadora de Deficiência – CONADE. **Acessibilidade:** você também tem compromisso – subsídios para o conferencista. Caderno de textos da I Conferência Nacional dos Direitos da Pessoa com Deficiência. Brasília: CONADE, 2006.

__________. Casa Civil. Lei Nº 10.436. **Dispõe sobre a Língua Brasileira de Sinais** – Libras e dá outras providências. 2002. Disponível em http://www.planalto.gov.br/ccivil_03/leis/2002/l10436.htm. Acesso em: maio 2024.

CAMARGO, Síglia Pimentel Höher; BOSA, Cleonice Alves. **Competência social, inclusão escolar e autismo:** revisão crítica da literatura. Psicologia e Sociedade, Florianópolis, v. 21, n. 1, p. 65-74, 2009. Disponível em: http://www.scielo.br/scielo.php?script=sci_arttext&pid=S0102-71822009000100008 Acesso em: maio 2024.

CARLETTO, Ana Cláudia e CAMBIAGHI, Silvana. **Desenho Universal**: um conceito para todos. São Paulo: Instituto Mara Gabrilli, 2008.

COHEN, Regina; DUARTE, Cristiane e BRASILEIRO, Alice. 2012. **Acessibilidade a Museus.** Brasília: Ministério da Cultura, Instituto Brasileiro de Museus. Vol. 2, Cadernos Museológicos. 190 páginas, ISBN 978-85-63078-19-3.

GIACONI, Catia; RODRIGUES, Maria Beatriz. **Organização do espaço e do tempo na inclusão de sujeitos com autismo.** Educação & Realidade, Porto Alegre, v. 39, n. 3, p. 687-7058, 2014. Disponível em: http://old.scielo.br/pdf/edreal/v39n3/v39n3a04.pdf Acesso em: maio 2024.

INEP. Instituto Nacional de Estudos e Pesquisas Educacionais Anísio Teixeira. **Censo escolar da educação básica.** Brasília, DF: MEC, 2018a. Disponível em: https://www.gov.br/inep/pt-br/acesso-a-informacao/dados-abertos/microdados/censo-escolar Acesso em: maio 2024.

IPHAN. **Instrução Normativa n. 1,** 2003. In: www.iphan.gov.br.

LEYTON, D. **Um museu para todos**. In: Programa Igual Diferente (caderno 1). 2015. Editoração/Livro).

ONU. **Declaração Universal dos Direitos dos Homens**. Washington. ONU Press, 1948.

________. **Declaração das Pessoas Deficientes**. Washington. ONU Press, 1975.

________. **Normas de Equiparação de oportunidades para pessoas com deficiência**. Washington. ONU Press, 1975.

ORRÚ, Sílvia Ester. **Aprendizes com autismo: aprendizagem por eixos de interesse em espaços não excludentes.** Petrópolis: Vozes, 2016.

SARRAF, V. P. **Acessibilidade cultural para pessoas com deficiência:** benefícios para todos. Revista do Centro de Pesquisa e Formação n. 06, v. 01, p. 23-43, 2018.

SILVA, Rafael Dias (org.). **Língua Brasileira de Sinais: libras.** São Paulo: Pearson Education do Brasil, 2015.

SILVA, Rafael. Dias. **Educação não-formal: representatividade de sujeitos surd@os negras(o) e suas contribuições.** In: Educação para Inclusão gênero, Etnia e Justiça Social. 1 ed. São Paulo: Editora Casa Flutuante, 2021, v. 1, p. 145-154.

SILVA, Rafael. Dias. **Criando Estratégias Educativas nos Espaços Museais:** uma prática inclusiva e significativa para visitantes Surdos. Disponível em: https://www.researchgate.net/publication/360232291_CRIANDO_ESTRATEGIAS_EDUCATIVAS_NOS_ESPACOS_MUSEAIS_UMA_PRATICA_INCLUSIVA_E_SIGNIFICATIVA_PARA_VISITANTES_SURDOS Acesso em: maio 2024.

SILVA, Rafael. Dias. **Libras in Sciences Educational Solutions.** In: XVIII WORLD CONGRESS OF THE WORLD FEDERATION OF THE DEAF, 2019, PARIS. Libras in Sciences Educational Solutions. PARIS: World Federation of the Deaf (WFD), 2019. v. 1. p. 214-214.

TOJAL, Amanda Pinto da Fonseca **Política de acessibilidade comunicacional em museus:** para quê e para quem? Revista Museologia & Interdisciplinaridade, v. 4, p. 190-202, 2015. Disponível em: https://periodicos.unb.br/index.php/museologia/article/view/16779. Acesso em: maio 2024.

TDAH: O LADO DE FORA. A CULPA NÃO É SUA, NÃO SE LIMITE

Fernanda Guglielmo Fernandes (*)

João Vítor Guglielmo Fernandes (**)

INTRODUÇÃO

A palavra que vem à mente é empatia. Muito se fala na inclusão, em como se deve trabalhar ou lidar, mas, alguém já tentou se colocar no lugar de uma pessoa com Transtorno do Déficit de Atenção com Hiperatividade (TDAH)? Como ela se sente, como ela ouve, como ela processa a informação?

Pessoas com TDAH precisam de luz, de autoconhecimento e as pessoas que as cercam precisam dedicar-se ao conhecimento e ao entendimento sobre esse transtorno para poder ajudar da melhor maneira possível.

No dia a dia, geralmente, os indivíduos que possuem TDAH são elétricos, pensam em um monte de coisas ao mesmo tempo, são impulsivos, tem um desassossego, trocam os interesses, trocam os planos e esquecem as coisas. E é só isso? Mas e o lado de dentro? Quem, realmente, vê o ser humano e suas necessidades?

(*) Docente há trinta e oito anos, especialista em alfabetização, formada no Magistério em escola pública, pedagoga há trinta e dois anos, Neuropsicopedagoga clínica e institucional, intérprete de desenho. Casada, mãe de dois filhos lindos!

(**) Estudante, cursando o quarto semestre do curso de Administração de empresas. Trabalha no ramo de comércio de equipamentos de elevação.

Quantos textos, quantas teses, quantas palestras, quantos cursos! E o ser com TDAH, qual a sua visão, o seu entendimento? Esta questão é a menos relevante, ou talvez, seja a mais importante!

O que desejam, como querem ser vistos, o que têm a dizer, como gostariam de ser ajudados (e se querem ajuda), quais habilidades têm, quais os seus sonhos?

Há vitórias no mundo do TDAH. Será que a pessoa com TDAH tem voz ou conjecturamos sobre tudo isso? Como é o lado de dentro?

EXPERIÊNCIA PESSOAL

Sou mãe de um jovem com TDAH e sou professora. As coisas não aconteceram nessa ordem, mas, o papel mais importante aqui é o de mãe. E como mãe, vou explanar um pouquinho sobre a minha visão sobre meu filho. Foram muitas barreiras que transpusemos juntos, outras, ele transpôs sozinho, mas o que sempre me preocupou e me preocupa é a que ele transpõe e transporá em sua trajetória, mas estarei com ele o tempo todo.

Que bom para ele, né? Porque para mim, como mãe, e acho que para todas as mães, principalmente, aquelas que tem um filho com um transtorno, uma síndrome ou uma doença, o desejo de proteger a cada minuto é diário.

O meu desejo, enquanto mãe é que ele se desenvolva, se relacione, viva a vida dele com suas escolhas e seus desafios.

O TDAH não é uma doença, portanto, não tem cura, tem tratamento. Sabe-se que é um transtorno que ocorre, na maioria das vezes, em meninos e os sinais são comuns na infância.

CONCEITO DE TDAH

O TDAH é de origem genética comprovado cientificamente e, segundo a prescrição do DSM-5 (Manual Diagnóstico e Estatísticos de Transtorno Mentais, (AMERICAN PSYCHIATRIC ASSOCIATION, 2014)), é um transtorno do neurodesenvolvimento que ocorre no início do período do desenvolvimento cerebral, isto é, os transtornos se manifestam precocemente, antes mesmo de a criança ingressar na escola. Eles são caracterizados por "déficits no desenvolvimento" que, subsequentemente, afetam no funcionamento acadêmico, pessoal e profissional.

> O supracitado ocorre devido ao hipofuncionamento no córtex pré-frontal, "[...] uma disfunção do sistema de neurotransmissão. Seus portadores apresentam uma taxa inadequada de dopamina e noradrenalina, neurotransmissor responsável pelo controle motor e pela atenção; e a consequência é a dificuldade de concentração" (Ferreira, 2015, p. 27).

As interpretações dos sinais são fundamentais e quanto mais precoce o diagnóstico e o tratamento, mais facilmente evitar-se-á consequências negativas. Então, o TDAH é um transtorno com bases biológicas, não é por querer, não é de propósito. Os indivíduos que apresentam TDAH podem apresentar sintomas intensos e duradouros. São características particulares que podem acarretar prejuízos à saúde, escolares, familiares e emocionais.

Do lado de fora, o que se percebe é que quem tem TDAH, geralmente, vive entediado, tem questões inacabadas, textos longos são chatos e têm que reler toda hora, vão pulando partes das leituras e de suas tarefas.

Textos curtos são melhores, questões objetivas são mais eficazes. Segundo o Dr. Paulo Matos (2020) "Tudo o que é muito tranquilo vira rapidamente tranquilo demais para um portador do TDAH".

São impacientes, não toleram nada que demore. Vivem com pressa e são estabanados. Têm dificuldades em arrumação. O quarto, a gaveta, o estojo, tudo bagunçado. Perdem as coisas, esquecem. Têm uma inquietude. A perna não para, mesmo quando estão descansando.

Enjoam rápido de tudo: inicia e para a academia, o curso de inglês, a aula de violão. Manter- se fazendo a mesma coisa é desagradável.

CONHECENDO O JOÃO

João Vitor é um jovem de dezenove anos que estuda, faz administração de empresas na universidade e está no quarto período. Trabalha, tem amigos, adora o grupo Legião Urbana, cozinhar, jogar vídeo game, é vegetariano, joga basquete, frequenta um grupo de jovens ligado à religião. Faz terapia com a psicóloga, é muito observador, ciumento, tem opiniões convictas sobre política, relacionamentos e tem o símbolo do infinito como um amuleto.

Às vezes carinhoso, às vezes nem tanto. É o segundo filho, caçulinha. A gravidez não foi planejada, pois tínhamos tido muita dificuldade para engravidar do primeiro filho e também havíamos mudado de casa há três meses, pensando numa reforma para depois tentar engravidar novamente.

Usando contraceptivo, veio a gravidez. Joãozinho estava a caminho. Com um mês de gestação a ultrassonografia mostrou que: ou a gestação era gemelar e um estaria morto ou tinha um descolamento de placenta de 50%

(palavras do médico). Era um descolamento importante e poderia vir o aborto.

Repouso necessário, medicação, parei de trabalhar, não podia pegar o Pedro que na época tinha apenas dois aninhos, meu filho mais velho. Fiquei na casa da minha mãe por um mês, sem esforço nenhum. João (ainda não sabia se era menino ou menina) "colou"!!!!

Os ultrassons seguiram como de costume, e no último a médica obstetra percebeu que o bebê estava perdendo peso dentro da barriga. A sugestão foi adiantar o parto porque conseguiríamos alimentá-lo fora da barriga e não lá dentro.

João nasceu com 38 semanas, pesando 2,880 Kg, 48 cm, parto cesárea, com "apgar" (Teste desenvolvido pela Dra. Virgínia Apgar, médica norte-americana que analisa cinco aspectos da criança ao nascer: cor da pele, frequência cardíaca, respiração, irritabilidade reflexa e tônus muscular) de 9 e 10!!!! (Adoro essas primeiras notas dele!!!) Às 8h36min. Esses muitos oitos começaram aí!!!

Logo ao nascer, constatou-se um desconforto respiratório agudo, o que o levou para a UTI por doze horas. Teve icterícia, fez fototerapia, nasceu com excesso de pele, parecia um velhinho, e teve alta junto com a mamãe pesando 2,580 kg.

Quando voltei a trabalhar, o João ficava meio período com os avós maternos e isso levou um ano. Engatinhou e andou com oito meses.

INÍCIO DA VIDA ESCOLAR

Foi para o berçário com um aninho, chorava um pouco para sair do colo da mamãe, mas era algo normal para essa fase de adaptação. João tinha episódios de infecção de garganta e de laringite estridulosa constantemente e os médicos diziam que até aos sete anos isso seria normal.

Para eles, né? Porque eram tão severas as crises que, eu e meu esposo, já deixávamos uma roupa pronta para a saída na madrugada. Ele ficava roxinho e tínhamos que correr para no hospital para aplicarem adrenalina e medicação venosa. Foi um período de muita tensão e era muito frequente.

O especialista decidiu pela cirurgia quando João tinha três aninhos. No dia 08/01/2008 (olha quanto 8 de novo!), pois havia obstrução da adenoide 70%, amígdalas hipertróficas e tubas obstruídas.

Aqui, faz se necessário relatar um fato muito importante para o João. Com três anos, ele perde sua maior referência de amor, o vovô Vito. Foram poucos anos juntos, mas com muita intensidade.

Ele era o único estudante que ainda não lia, embora em casa fosse muito estimulado. Uma tarde, fugiu da escola. Foi para a rua e correu para vir para casa. O professor de educação física conseguiu pará-lo. Perguntado porque havia feito aquilo, disse que não sabia perder e fugiu.

Conversando com uma prima que tinha um filho na mesma idade e passava pelos mesmos problemas, conhecemos uma neuropediatra que fez alguns testes e deu o parecer de TDAH. O laudo não foi fechado por conta da idade e ela nos orientou a medicá-lo com Ritalina. (Cloridrato de metilfenidato). Usado para estimular áreas específicas do cérebro.

Na época, nos assustamos, leigos, sem nenhum histórico familiar, sem nenhum estudante diagnosticado, decidimos não medicar. Mudamos o João de escola em 2014.

A escola, bem maior, tinha outros estudantes com perfis parecidos com o de João.

Tínhamos uma carta de recomendação da neuropediatra, para que o João fizesse provas em ambientes separados dos demais estudantes, provas adaptadas, mas ele não quis. Dizia que não queria ser diferente e aquela situação iria chamar a atenção para ele.

O comportamento ainda nessa escola, às vezes, era inconveniente e a turma do fundão era seu lugar. Mesmo nunca tendo sido reprovado, passava raspando e sempre com recuperação.

E veio o ensino médio. No terceiro ano, com a pressão de vestibular, a emoção de deixar aqueles amigos e aquele ambiente, o fez pedir ajuda.

Consultamos uma neurologista, ela conversou muito com ele e sugeriu que se organizasse uma lousa na qual escreveria todas as tarefas diárias, pediu os testes neuropsicológicos e indicou uma psicóloga.

Iniciou a terapia, fez novamente os testes e aí fechamos o laudo, era TDAH. Iniciou o tratamento com a Ritalina que tinha efeito de seis horas.

O medicamento não é sedativo e nem tem por objetivo transformar o indivíduo, ele é um instrumento que facilita a vida, torna o indivíduo mais capacitado para realizar suas atividades.

O terceirão chegava ao fim, o João aceitou fazer provas diferenciadas, estava mais calmo, concentrado e passou de ano. Veio a universidade.

Ainda toma o remédio, ainda esquece algumas coisas, inclusive a panela no fogão, o celular, o fone de ouvido, mas aprendeu a lidar com sua condição. Procura se organizar no dia a dia.

Conhece pessoas com situações parecidas com as dele. Inclusive, o chefe que tem TDAH e como já é mais experiente, dá orientações de quem vive e olha do lado de dentro, o transtorno.

Hoje, João se aceita e consegue por si só vencer a cada dia as suas questões. Hoje ele tem voz.

Quando fomos convidados para dar essa contribuição no livro, João me disse que seria muito difícil mostrar o que sentia, pois não conhecia o outro lado.

Depois de escrever sua parte na história e que é a mais importante aqui, ficou muito feliz ao saber que pode servir de apoio e de ajuda a tantas pessoas que passam por tudo o que ele já passou e, que se puder dar pelo menos esperança a alguém, tudo valeu a pena.

O LADO DE DENTRO

Desde muito novo, sempre fui alertado que eu tinha perfil de uma pessoa com TDAH ou algum transtorno, pela alta hiperatividade e pouca paciência quando se tratava de assuntos escolares.

No fundo, eu sabia que havia algo de diferente comigo, mas eu não queria acreditar que era um problema físico ou mental. Eu pensava que era apenas falta de vontade, e, que se eu me esforçasse, iria conseguir, igual a todo mundo.

Quando a gente é criança, quer se sentir é um instinto natural. Temos que nos enturmar para conseguir amigos e ser neurodivergentes (em 2011 nem mesmo as minhas professoras deveriam saber sobre o que se tratava) não é uma coisa muito legal no meio de várias crianças.

As primeiras memórias que tenho quando penso na minha visão de mundo, sob a lente do TDAH, foi na escola que eu fiz o meu ensino fundamental I. Era uma escola pequena, de bairro e minha mãe era professora de lá, mas não cheguei a ser estudante dela.

Sempre fui muito agitado e muito hiperativo, mas foi no segundo ano do ensino fundamental que eu percebi que tinha algo de diferente comigo. Eu não conseguia prestar atenção na lousa, quebrava os lápis e não sabia o porquê e toda hora eu queria sair da sala para ir ao banheiro ou dar uma volta.

Aquele ambiente parecia sufocante. E eu, o pequeno Joãozinho, não fazia ideia que eu era um menino neurodivergente.

Quando eu não pedia para sair, a minha professora se encarregava disso. Me deixava no corredor, sentado, do lado de fora da sala e para mim, tudo bem. Era um descanso para minha mente.

Para desestressar, eu quebrava todos os lápis que estavam no meu estojo e se eu encontrasse algum perdido, quebrava também. Fui o último estudante do segundo ano, que leu.

Minha mãe lia todas às noites uma historinha, antes de dormir. Eu escolhia um livrinho pelas figuras e ela lia. Eu ia acompanhando só pelas imagens. Uma noite, minha mãe pediu para escolher um livro e eu escolhi: “O menino que descobriu as palavras. ”

Levei o livro para a cama e minha mãe começou a leitura. De repente, eu disse: Agora sou eu! E comecei a ler direitinho, devagar e foi uma emoção muito grande para toda a minha família aquele momento. Tenho o livro até hoje. Ele combina comigo.

Mudei de escola dois anos depois. A escola era maior e tinha muitos estudantes por sala. Parecia que eu passava mais desapercebido.

Com o passar dos anos, fui conseguindo "levar com a barriga" e consegui, passando de ano até o 9º ano do ensino fundamental 2. Porém, sempre na média, ficando de recuperação todo bimestre e passando no finalzinho.

Minha entrada no ensino médio foi acompanhada da pandemia da Covid 19, onde fiquei até os últimos dias possíveis por lei, em casa. O ensino remoto parecia favorável. Câmera desligada, eu não queria aparecer, nem participar das aulas.

Naquela época fiquei muito recluso e tinha vergonha de voltar à escola, por não saber como seriam as coisas. Retornei no quarto bimestre e minhas notas, da época do EAD, conseguiram me livrar no boletim de uma repetência.

Logo o ano acabou e pensei que as minhas notas ruins do quarto bimestre, a minha falta de interesse e as dificuldades, eram apenas por não estar adaptado ao ensino presencial, pois tinha passado mais de um ano e meio em casa, saindo poucas vezes e não indo à escola nunca.

Foi em 2022, durante o meu terceiro ano do ensino médio, o famoso terceirão, que eu tive algumas das maiores reflexões da minha vida. Perguntas como:

Quem eu sou? O que tem de errado comigo?

E outras perguntas eram comuns no meu dia a dia escolar. Foi no segundo semestre, após um começo de ano terrível, que eu e minha família fomos atrás de profissionais para identificarmos o que estava acontecendo. Eu pedi ajuda!

O neurologista, a psicóloga e os testes. Com o passar do segundo bimestre, fui diagnosticado com o transtorno de déficit de atenção e hiperatividade.

Para muitas pessoas, o diagnóstico pode soar como uma coisa negativa, mas pensei comigo mesmo, que eu já tinha aquela peculiaridade, apenas estava descobrindo. Então, a tendência era que me entendesse melhor, me culpasse menos e conseguisse, aos poucos, melhorar alguns aspectos da minha vida, que até ali me perturbavam.

Por volta do terceiro semestre, consegui meu laudo e comecei a tomar Ritalina, uma dosagem baixa para o meu peso, apenas para sentir como eu reagiria com o remédio. Os primeiros dias foram fascinantes. Era como se a minha cabeça fosse um rádio, e até aquele momento, eu estivesse captando as informações de todas frequências, e de repente, após tomar o remédio, aquele rádio focasse em só um canal de transmissão.

Após começar a medicação e fazer acompanhamento com a psicóloga, minhas notas foram aos poucos melhorando. Chamei alguns amigos e fomos para as cadeiras da frente da sala e focamos firme, naqueles dois últimos bimestres escolares de nossas vidas.

O terceirão estava terminando e eu queria aproveitar tudo o que podia. As notas foram melhorando. Em matemática, por exemplo, foram de 3 para 6,5 e, posteriormente, 9,5.

A escola se disponibilizou, no terceiro bimestre, a deixar eu fazer a prova com algumas anotações extras e com maior tempo, e até mesmo em uma sala separada, mas eu não gostava de me sentir especial, não daquele jeito.

Eu gostava de me sentir incluído com meus amigos, mesmo que isso me custasse ter que me esforçar duas vezes mais durante os exames para conseguir ler o enunciado inteiro, nas questões com grandes textos.

Conforme foi passando o terceiro e quarto bimestres, fui me adaptando e consegui passar de ano. Me formei sem ter repetido nenhum ano!

Ali, eu pensava que havia superado meu TDAH, ou pelo menos, provado para mim que eu era maior que aquilo e que poderia viver facilmente com o transtorno e, principalmente, aceitar minha condição.

Depois de alguns meses, eu ingressei no mercado de trabalho e tive que me readaptar. Minha rotina e meus costumes mudaram para conseguir ter progresso na área. Novamente, tive que me organizar com planilhas e lousa para conciliar o trabalho com a faculdade. Sim, passei na faculdade. Meu curso é o de administração de empresas.

Hoje, além de estar cursando o quarto período da faculdade, trabalho em uma empresa na qual, aos poucos, estou conseguindo entender melhor meus limites, meus planos e minhas dificuldades.

Meu chefe, atualmente, também tem TDAH e ele me ajuda em alguns momentos, dando conselhos e explicando algumas coisas, na visão dele, como TDAH, que foi descobrir o transtorno depois de trinta anos de vida.

O HIPERFOCO

Ultimamente, tenho utilizado bastante o hiperfoco ao meu favor, escrevendo alguns textos, algumas músicas e conseguindo, em alguns momentos, ter uma vida de uma pessoa com TDAH menos aparente.

No meu caso, a minha visão do TDAH, quando criança é que havia algo de errado comigo, mas com o passar do tempo percebi que tem apenas algo diferente, e, ao contrário, do que muitos acreditam, para mim, ser diferente é apenas diferente.

Isso não pode me limitar. Tem que ser algo para me impulsionar. Até aqui, deu certo.

REFERÊNCIAS

FERREIRA, C. **TDAH na infância: Transtorno do Déficit de Atenção e Hiperatividade.** Orientações e técnicas facilitadoras. Minas Gerais: UniDuni, 2014.

TRANSTORNO DO ESPECTRO AUTISTA (TEA): UM MODISMO OU UM "NOVO" DESAFIO

Rosana Auricchio (*)

Leonam Auricchio da Silva (**)

INTRODUÇÃO

O Transtorno do Espectro Autista está muito divulgado na mídia e nas escolas, o número de estudantes autistas tem aumentado de modo considerável. O que será que aconteceu? O problema veio à tona e a sociedade, finalmente, vai tentar solucioná-lo ou minimizá-lo?

Em diversos estudos, o que se tem de relato é que, muitos pais ou muitas famílias, não aceitavam o fato do filho(a) ser autista, independentemente, do grau que se manifestou.

Os objetivos deste artigo são: esclarecer a origem do autismo, reconhecer as leis que amparam o autista e a

(*) Doutoranda do Programa de Língua Portuguesa (PUC-SP), Mestre em Educação (UNICID), Especialista em Psicopedagogia (UNINTER), Graduada em Pedagogia (PUC-SP), Professora, coordenadora e gestora acadêmica com experiência de quarenta e três anos da Educação Infantil ao Ensino Superior, pesquisadora, autora e consultora educacional na Clínica Primeira Consulta.

(**) Pós-graduando em Psicologia Organizacional (UNICSUL), Pós-graduado em Legal Tech (PUC-Minas), Pós-graduado em Gestão de Pessoas (UNITEC), Bacharel em Direito (UNIDRUM-MOND). Pesquisador e autor.

família, apreender alguns esclarecimentos e perceber advertências sobre o diagnóstico do autismo.

Os autores conhecem diversos autistas, adultos e crianças, com grau variado e percebem que eles são únicos em sua forma de agir e de se relacionar. Em nossa sociedade, o preconceito ainda existe, talvez por falta de conhecimento ou devido ao estereótipo do ser "normal".

ORIGENS DO AUTISMO

Em 1867, o psiquiatra Maudsley é tido como o pioneiro na literatura sobre a psicose na criança. Entretanto, em 1845, o psiquiatra Griesinger, fazia referência às diferenças entre a loucura do adulto e da criança.

Em 1933, o médico americano Potter, baseado na esquizofrenia, apresentou e discutiu seis casos nos quais os sintomas se iniciaram antes da puberdade e que incluíram alterações no comportamento, falta de conexão emocional e ausência do instinto de integração com o ambiente. O médico propôs que esse panorama fosse chamado de esquizofrenia infantil.

A partir de 1943, os conceitos de autismo, psicose e esquizofrenia se confundiriam e foram utilizados de forma combinada durante anos.

Nos anos de 1940, dois médicos apresentaram as primeiras descrições do que hoje é nomeado de autismo infantil ou transtorno autista. Um deles foi Kanner que se utilizou da noção de autismo do médico Bleuler.

Kanner (1943) descreveu onze crianças cuja distúrbio seria "a incapacidade de se relacionarem, de maneira formal, com pessoas e situações, desde o princípio de suas vidas" (p. 242)

O autor afirmou que tais crianças tinham "um desejo obsessivo e muito ansioso pela manutenção da uniformidade", fazendo-as preferir tudo que se mostrava repetitivo, rotineiro e esquemático (p. 245). Ele asseverava que o profundo isolamento domina o comportamento dessas crianças. Na presença de outras crianças, elas permaneciam sozinhas.

Ao contrário dos casos de Kanner, as crianças de Asperger (1991), teriam relações atípicas tanto com as pessoas quanto com os objetos. Algumas crianças se dedicavam a coleções exóticas ou inúteis ou à ordenação de objetos.

O autismo, neste momento, é incluído no grupo das "psicoses infantis" e são tratados como um transtorno das fundações do psiquismo infantil.

A partir de 1980, as concepções psicanalíticas sobre autismo se basearam em uma visão estrutural da constituição do sujeito e, no caso do autismo, em uma relação na qual o sujeito deve ser analisado na lógica em que se articulam a linguagem e o corpo.

Lima (2007) assegura que para a Teoria da Mente, as pessoas com autismo teriam dificuldades importantes nas capacidades de metarrepresentação e metacognição, ou seja, colocar-se no lugar do outro e interagir a partir de sinais verbais e não verbais que o parceiro emite. Para uma pessoa com autismo, esta atividade seria quase impossível.

Desde 1980, no campo psíquico, o autismo passou a ser considerado um "transtorno invasivo do desenvolvimento" (TID). Na quinta versão da Associação Psiquiátrica Americana (DSM-V), lançada em 2013, a denominação passou a ser "transtorno de espectro autista", inserido no grupo dos "transtornos do neurodesenvolvimento".

No Brasil, o Transtorno do Espectro Autista (TEA) foi se instalando gradualmente. Foi tardio também, o aparecimento das associações de familiares de pessoas com autismo. Em 1983, surgiu a primeira Associação de Amigos de Autistas do Brasil, a AMA-SP e em 1989, nasceu a Associação Brasileira do Autismo (Abra)

Atualmente, o autismo passou a aparecer na agenda política da saúde, a partir das experiências inovadoras do Núcleo de Atenção Intensiva à Criança Autista e Psicótica (NAICAP).

ALGUMAS OBSERVAÇÕES

O diagnóstico é produzido por dois componentes complementares e é uma ferramenta essencial. O primeiro é o processo diagnóstico, que abrange todas as atividades exercidas pelos profissionais de saúde e tem como objetivo compreender a natureza das dificuldades de um sujeito único. O resultado desta ação, é a construção de uma narrativa aberta a respeito do sujeito, relacionando seu passado e seus problemas atuais.

O segundo componente é a classificação diagnóstica, segundo (Klin, 2009) as queixas, os sintomas, os sinais e o resultado dos exames apresentados pelo sujeito a ser diagnosticado servem para definir a classe ou a categoria nosológica que ele pode ser inserido.

É necessário perceber que nenhuma classificação pode estar, totalmente, livre de influências teóricas. Os sistemas atuais classificatórios procuram se posicionar de forma mais descritiva e aleatória.

O diagnóstico de TEA constitui uma descrição e não uma explicação. A maioria dos transtornos mentais tem causas complexas e desconhecidas, devido a esta situação as classificações baseiam-se nos sintomas, nos sinais e na evolução deles ao longo do tempo.

Este diagnóstico produziu desvantagens sociais para os indivíduos com esse transtorno e para os seus familiares. O rótulo diagnóstico pode resultar na exclusão em espaços públicos, como também, diminuir as chances de se obter acesso a serviços.

Pessoas com TEA, identificadas com síndrome de Asperger, preferem que sua situação seja compreendida como uma diferença e não como uma patologia psiquiátrica ou uma deficiência, para aumentar suas oportunidades de inclusão social.

A partir dessas observações, se faz imprescindível conhecer as leis que amparam as pessoas com autismo no Brasil.

DIREITO DAS PESSOAS COM AUTISMO

No Brasil, as leis que amparam as pessoas com autismo chegaram de maneira tardia. Mas, será que funcionam? Os benefícios estão sendo cumpridos? O respeito, existe na sociedade em geral? O preconceito continua?

A Lei 12.764/2012, sobre a Política Nacional de Proteção aos Direitos de Pessoa com Transtorno do Espectro Autista, foi "batizada" com o nome de uma mãe, Berenice Piana, dando a impressão que a família tem avançado em sua luta rumo à cidadania de seus filhos e filhas, apesar do processo ser lento e de não saberem quando e se vão usufruir dos direitos garantidos em textos.

> Art. 1º Esta Lei institui a Política Nacional de Proteção dos Direitos da Pessoa com Transtorno do Espectro Autista e estabelece diretrizes para sua consecução.
>
> § 1º Para os efeitos desta Lei, é considerada pessoa com transtorno do espectro autista aquela portadora de síndrome clínica caracterizada na forma dos seguintes incisos I ou II:
>
> I — deficiência persistente e clinicamente significativa da comunicação e da interação sociais, manifestada por deficiência marcada de comunicação verbal e não verbal usada para interação social; ausência de reciprocidade social; falência em desenvolver e manter relações apropriadas ao seu nível de desenvolvimento;
>
> II — padrões restritivos e repetitivos de comportamentos, interesses e atividades, manifestados por comportamentos motores ou verbais estereotipados ou por comportamentos sensoriais incomuns; excessiva aderência a rotinas e padrões de comportamento ritualizados; interesses restritos e fixos.
>
> § 2º A pessoa com transtorno do espectro autista é considerada pessoa com deficiência, para todos os efeitos legais.
>
> § 3º Os estabelecimentos públicos e privados referidos na Lei nº 10.048, de 8 de novembro de 2000, poderão valer-se da fita quebra-cabeça, símbolo mundial da conscientização do transtorno do espectro autista, para identificar a prioridade devida às pessoas com transtorno do espectro autista. (Brasil, Lei 12.764/2012)

O símbolo mundial da conscientização do TEA, é a fitinha quebra-cabeça, que está ficando conhecida no Brasil, para identificar a prioridade das pessoas com autismo.

A fita é representada com a estampa do quebra-cabeça, sendo adotada em 1999, como um sinal universal da consciência sobre o TEA.

Fonte: https://www.jadeautism.com/simbolos-do-autismo-e-seus-significados

Ela é, amplamente, utilizada em campanhas de conscientização e, também, como sinalização para indicar que um determinado lugar é adaptado para receber pessoas com espectro autista, o que a configura como um dos símbolos do autismo mais importantes.

Essa lei ainda não tranquiliza as pessoas que lutam e têm a responsabilidade de garantir respeito, condições de desenvolvimento e de dignidade para as pessoas com TEA. Trazem na bagagem, anos de luta pelo amparo legal.

> Art. 3º São direitos da pessoa com transtorno do espectro autista:
>
> I — a vida digna, a integridade física e moral, o livre desenvolvimento da personalidade, a segurança e o lazer;
>
> II — a proteção contra qualquer forma de abuso e exploração;

> III — o acesso a ações e serviços de saúde, com vistas à atenção integral às suas necessidades de saúde, incluindo:
>
> a) o diagnóstico precoce, ainda que não definitivo;
>
> b) o atendimento multiprofissional;
>
> c) a nutrição adequada e a terapia nutricional;
>
> d) os medicamentos;
>
> e) informações que auxiliem no diagnóstico e no tratamento;
>
> IV — o acesso:
>
> a) à educação e ao ensino profissionalizante;
>
> b) à moradia, inclusive à residência protegida;
>
> c) ao mercado de trabalho;
>
> d) à previdência social e à assistência social.
>
> Parágrafo único. Em casos de comprovada necessidade, a pessoa com transtorno do espectro autista incluída nas classes comuns de ensino regular, nos termos do inciso IV do art. 2º , terá direito a acompanhante especializado. (Brasil, Lei 12.764/2012)

Munidos da Lei 12.764/2012, houve a equiparação aos direitos reservados às pessoas com deficiência. Ela garantiu a isenção e a política de cotas, a matrícula na escola regular, o transporte especial ou a prioridade no atendimento e, principalmente, a família passou a conseguir provar que o filho (a) faz jus a todas essas proteções.

> Art. 3º-A. É criada a Carteira de Identificação da Pessoa com Transtorno do Espectro Autista (Ciptea), com vistas a garantir atenção integral, pronto atendimento e prioridade no atendimento e no acesso aos serviços públicos e privados, em especial nas áreas de

saúde, educação e assistência social. (Incluído pela Lei nº 13.977, de 2020)

§ 1º A Ciptea será expedida pelos órgãos responsáveis pela execução da Política Nacional de Proteção dos Direitos da Pessoa com Transtorno do Espectro Autista dos Estados, do Distrito Federal e dos Municípios, mediante requerimento, acompanhado de relatório médico, com indicação do código da Classificação Estatística Internacional de Doenças e Problemas Relacionados à Saúde (CID), e deverá conter, no mínimo, as seguintes informações: (Incluído pela Lei nº 13.977, de 2020)

I — nome completo, filiação, local e data de nascimento, número da carteira de identidade civil, número de inscrição no Cadastro de Pessoas Físicas (CPF), tipo sanguíneo, endereço residencial completo e número de telefone do identificado; (Incluído pela Lei nº 13.977, de 2020)

II — fotografia no formato 3 (três) centímetros (cm) x 4 (quatro) centímetros (cm) e assinatura ou impressão digital do identificado; (Incluído pela Lei nº 13.977, de 2020)

III — nome completo, documento de identificação, endereço residencial, telefone e e-mail do responsável legal ou do cuidador; (Incluído pela Lei nº 13.977, de 2020)

IV — identificação da unidade da Federação e do órgão expedidor e assinatura do dirigente responsável. (Incluído pela Lei nº 13.977, de 2020)

§ 2º Nos casos em que a pessoa com transtorno do espectro autista seja imigrante detentor de visto temporário ou de autorização de residência, residente fronteiriço ou solicitante de refúgio, deverá ser apresentada a Cédula de Identidade de Estrangeiro (CIE), a Carteira de Registro Nacional Migratório (CRNM) ou o

Documento Provisório de Registro Nacional Migratório (DPRNM), com validade em todo o território nacional. (Incluído pela Lei nº 13.977, de 2020)

§ 3º A Ciptea terá validade de 5 (cinco) anos, devendo ser mantidos atualizados os dados cadastrais do identificado, e deverá ser revalidada com o mesmo número, de modo a permitir a contagem das pessoas com transtorno do espectro autista em todo o território nacional. (Incluído pela Lei nº 13.977, de 2020)

A Carteira de Identificação da Pessoa com Transtorno do Espectro Autista (Ciptea), visa garantir a atenção integral, o pronto atendimento e a prioridade no atendimento e no acesso aos serviços públicos e privados, em especial nas áreas de saúde, educação e assistência social. (Incluído pela Lei nº 13.977, de 2020)

A norma, foi batizada em homenagem a Romeo Mion, filho do apresentador de televisão, Marcos Mion e portador de TEA.

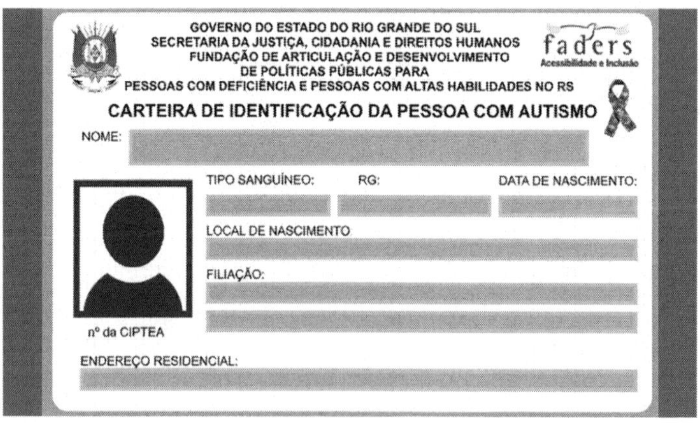

Fonte: https://estado.rs.gov.br/documento-para-pessoas-com-transtorno-do-espectro-autista-comeca-a-ser-feito-no-rio-grande-do-sul

Os avanços em relação ao TEA, acontecem a passos lentos, mas tem diversas pessoas da sociedade lutando por essa causa que, no final, é de todos os seres humanos.

O TEA NO MUNDO DOS FAMOSOS E O ENVOLVIMENTO NA CONSCIENTIZAÇÃO SOCIAL

Alguns artistas famosos são ou têm filhos com TEA e estão sempre incentivando as campanhas de conscientização social, o direito dos autistas e o respeito à uma vida digna e de qualidade.

Nas redes sociais, os famosos divulgam suas histórias de vida e a importância do apoio que receberam da família. A história deles é igual a de muitas pessoas anônimas que enfrentam desafios semelhantes.

Manoel Soares, tem seis filhos, entre eles, Ezequiel de 4 anos e Ezael de 3 anos, ambos com TEA. Manoel também é aliado à luta pelos direitos de pessoas neuroatípicas.

Marcos Mion, é pai de três jovens, Steffano, 13 anos, Donatella, 14, e Romeo, de 18 anos. O filho mais velho é autista e desde o seu diagnóstico, Mion e a família são apoiadores da luta TEA. Por causa do seu protagonismo na luta pelos direitos das pessoas autistas, a Lei 13.977 de 2020, leva o nome do filho e é chamada de Lei Romeo Mion, garantido os direitos das pessoas com TEA e criou a carteira para esse público.

Felipe Araújo, é pai de Miguel, de 4 anos. O artista revelou, em 2021, o diagnóstico do filho, que o motivou a romper com o preconceito.

Gabriela Lian, é mãe de Isadora, de 6 anos, e de Eleonora. Em 2021, revelou, durante o programa Encontro, que a filha Isadora tem TEA. Em seu Instagram compartilha informações sobre o autismo e a rotina com a família.

Léo Rosa, foi um ator brasileiro que revelou ser autista em 2019. Ele ficou conhecido por seus papéis em diversas novelas e séries de TV, como "Vidas Opostas" e "Amor e Revolução".

Letícia Sabatella, recebeu o diagnóstico de TEA, depois de a filha receber a mesma identificação. Ela é uma atriz famosa por diversos filmes, novelas e séries de TV.

Anthony Hopkins, vencedor do Oscar de Melhor Ator no filme "O Silêncio dos Inocentes", teve o diagnóstico de autismo na vida adulta, por volta dos 70 anos. Foi a esposa do ator quem o incentivou a pesquisar mais sobre o TEA e a entender que algumas das suas características poderiam ser sinais de uma pessoa atípica.

Elon Musk, revelou ao programa de televisão norte-americano Saturday Night Live, que tem autismo nível 1, visto que ele mesmo chamou de síndrome de Asperger. "Muitas vezes depois de eu dizer alguma coisa eu tenho que dizer que eu estou falando sério para que as pessoas realmente entendam que eu estou falando sério. Isso porque eu nem sempre tenho muita entonação ou variação na forma como eu falo. Na verdade, eu estou fazendo história hoje como a primeira pessoa com Asperger a apresentar o SNL, ou pelo menos a primeira a admitir", disse o empresário em seu monólogo de abertura.

Daryl Hannah, a atriz teve grande destaque em filmes como "Kill Bill" e "Blade Runner" já falou, abertamente, em muitas entrevistas sobre suas dificuldades na infância, após receber o diagnóstico de autismo.

Ela revelou a condição apenas em 2013, depois de anos mantendo em segredo e disse que os médicos queriam mandá-la para internação em uma instituição de cuidados especiais, mas foram impedidos por sua mãe.

Greta Thunberg, foi leita pela revista Time, em 2019, como a Pessoa do Ano. Greta, é uma mulher, no espectro autista, que se tornou referência mundial quando o assunto são reivindicações de sustentabilidade no planeta. A ativista é muito aberta sobre o tema e já falou sobre isso em suas redes sociais, afirmando que "isso significa que, às vezes, ela é um pouco diferente, e que isso é uma superpotência".

Susan Boyle, a cantora que surpreendeu o mundo com sua voz, em uma participação no programa "Britain's Got Talent", em 2009, é outro caso de pessoa com autismo que só descobriu o diagnóstico, na vida adulta. Ela afirma que com essa informação teve uma maior compreensão sobre si mesma e está mais relaxada e aliviada.

Wentworth Miller, muito conhecido, pelo seu papel no seriado norte-americano Prison Break, foi diagnosticado na vida adulta. O ator disse em suas redes sociais que começou a entender melhor sobre o TEA após pesquisas online e, mais tarde, confirmou o diagnóstico com um profissional médico.

Ele afirma que "ser autista é central para quem ele é, para tudo que ele já fez ou articulou." Esses famosos autistas nos ajudam a desconstruir muitos mitos acerca do TEA, como o de que pessoas autistas vivem em seus próprios mundos. Além disso, eles também podem ajudar a informar mais sobre o assunto e criar menos desinformação, por meio de seus fãs e admiradores.

Tallulah Willis, filha de Bruce Willis e Demi Moore, publicou, recentemente, em seu instagram, um vídeo de quando era uma criança e acariciava o rosto de seu pai. A legenda trouxe os dizeres: "*tell me your autistic without telling me your autistic*" — "Diga que você é autista, sem dizer que é autista".

Pode-se perceber que, muitas pessoas famosas, compartilham suas descobertas e seus desafios e, desta forma, ampliam o universo de possibilidades, demonstrando que todos podem atingir potenciais incríveis.

CONSIDERAÇÕES FINAIS

Percebe-se após esta explanação, que o TEA está sendo mais conhecido. O que não pode acontecer, é que todo o laudo ou diagnóstico seja de autismo, sem mesmo ter certeza do que se afirma.

A família é essencial para o acompanhamento e a inserção do autista na vida social, escolar, política e econômica. As leis estão promulgadas para serem, plenamente, cumpridas.

O esforço de conscientização, de investimento e de educação continuada para os profissionais da saúde e da educação são necessários para reduzir o preconceito com relação às pessoas com TEA e estabelecer o uso racional e ético de seus diagnósticos e classificações.

REFERÊNCIAS

KANNER, L. **Autistic disturbances of affective contact. Nervous Child**, Baltimore, v. 2, p.217-250, 1943.

KLIN, A.; ROSARIO, M.C.; MERCADANTE, M.T. **Autismo, síndrome de Asperger e cérebro social.** In: _______. Autismo e cérebro social. [S.I.: s.n.], 2009, p.17-21.

KRINSKY, S. **Temas de psiquiatria infantil**. São Paulo: Guanabara Koogan, 1977.

LIMA, R.C. **A cerebralização do Autismo**. In: COUTO, M.C.V. MARTINEZ, R.G.M. Saúde mental e saúde pública: questões para a agenda da reforma psiquiátrica. Rio de Janeiro: NUPPSAM/IPUB/UFRJ, 2007.

TIBYRIÇÁ, Renata Flores; D'ANTINO, Maria Eloisa Famá (orgs). **Direito das Pessoas com Autismo: comentários interdisciplinares** à **Lei 12.764/12.** São Paulo: Memnon Edições Científicas, 2018.

https://www.oliberal.com/cultura/conheca-os-famosos-que-tem-filhos-autistas-1.725342 Acesso em 02 jun. 2024 às 13:00 h.

https://www.portalinsights.com.br/perguntas-frequentes/quem-e-o-autista-mais-famoso-do-mundo#:~:text=Shaun%20Murphy%2C%20da%20famosa%20s%C3%A9rie,do%20Hospital%20San%20Jose%20St. Acesso em 02 jun. 2024 às 13:30 h.

https://genialcare.com.br/blog/7-famosos-que-sao-autistas-e-voce-nao-sabia/ Acesso em 02 jun. 2024 às 13:45 h.

https://estado.rs.gov.br/documento-para-pessoas-com-transtorno-do-espectro-autista-comeca-a-ser-feito-no-rio-grande-do-sul Acesso em 02 jun. 2024 às 21 h.

https://blog.matheustriliconeurologia.com.br/simbolo-do-autismo/#:~:text=A%20fita%20da%20conscientiza%C3%A7%C3%A3o%20%C3%A9,da%20sociedade%20como%20um%20todo. Acesso em 02 jun. 2024 às 21:30 h.

A CRIANÇA AUTISTA E OS ASPECTOS DE SEU DESENVOLVIMENTO

Renata Cardoso Pinto (*)

INTRODUÇÃO

O número de crianças com autismo vem crescendo a cada dia e muitos professores e pais não sabem, literalmente, o que fazer. O professor tem um papel muito importante nesse processo de aprendizagem e, sem o devido preparo, essa tarefa fica impossível de ser realizada. Muitos professores desconhecem o significado de autismo e suas especificidades.

A definição do Autismo teve início na primeira descrição dada por Leo Kanner, em 1943, no artigo Distúrbios Autísticos do contato Afetivo (*Austistic disturbances of affective contact*), na Revista *Nervous Children*. Nessa primeira publicação, Kanner (1943) ressalta que o sintoma fundamental, "o isolamento autístico", estava presente na criança desde o início da vida, sugerindo que se tratava, então, de um distúrbio inato. "O tratamento é primordial para os autistas.

(*) Graduada em Pedagoga-Universidade Cidade São Paulo (UNICID), Pós-graduada em Neuropsicopedagogia (Censupeg), Pós-graduada em Psicanalista (Instituto Crivo), Especializada em Reabilitação Cognitiva – (Espaço Integrar – BH), Especializada em Terapia em Interpretação de Desenhos (Instituto Crivo) – Especializada em TEA, Especializada em Acessibilidade Curricular. Neuropsicopedagoga na Clínica Primeira Consulta e em diversas escolas da cidade de São Paulo.

As terapias devem ser adaptadas às necessidades específicas de cada indivíduo" (Baptista, Bosa, 2002).

Para compreender o desenvolvimento do sujeito autista deve-se entender todas as particularidades do seu comportamento. De acordo com Perissinoto (2003), o registro de características específicas permite uma análise de conjunto e a partir da visão da linha de desenvolvimento é possível hipotetizar sobre habilidades ou falhas básicas.

Com base nas três áreas identificadas como prejudicadas: a comunicação social, os comportamentos restritos e/ou sensoriais no DSM V Manual Diagnóstico e os estatísticos de transtornos mentais. É possível caracterizar alguns dos comportamentos considerados atípicos, a partir da análise de inúmeros estudos de casos.

ALGUMAS CONSIDERAÇÕES A RESPEITO DO AUTISMO

Interação social e comunicação

Dificuldades na sua interação social, comunicação verbal prejudicada ou ausência da fala, dificuldades de compreensão da fala, e em manter diálogos com o outro. A presença da ecolalia é muito frequente. Muitos falam, mas não consegue estabelecer um diálogo, sotaque, ritmo diferente. Não entendem sentido figurado. Dificuldade em entender sentido figurado, não entendendo metáforas. Por tudo isso, sua compreensão é linear, e entendem o que lhe dizem de forma muito concreta e direta (Schwartzman, 2018).

Alguns pacientes repetem cenas de filmes, de músicas ou de expressões usadas por familiares, não dando sentido no contexto da conversa e, por muitas vezes, param de falar por não serem compreendidos. Ritmos e sotaques são bem presentes em suas falas.

Padrões de Interesse e Atividades

Alguns indivíduos se interessam por determinados assuntos e se especializam nessa área, de interesse de cada um tendo uma fala sistemática sobre o conteúdo de seu interesse, que pode ser por exemplo carros, dinossauros etc. Os indivíduos com autismos tendem a engajar-se em atividades repetitivas e estereotipadas com objetos. Kanner (2014), explica que esse comportamento específico seria como ilhas de habilidades, no qual há memória de domínios isolados de conhecimentos, sem associação com os demais comportamentos. (Perissinoto, 2003). Uma criança pode ter o conhecimento muito aprimorado e refinado sobre um assunto de seu interesse e desconhecer assuntos simples do dia a dia.

TERAPIAS MAIS APLICADAS EM AUTISTA COM RESULTADOS POSITIVOS

Terapia ocupacional

A terapia Ocupacional está relacionada à vida diária, ao trabalho escolar e ao brincar da criança. A criança aprende a interagir no mundo em que vive. O brincar para a criança com TEA é fundamental, e isso a terapia ocupacional faz seu papel brilhantemente, devido a elaborar experiências para situações cotidianas e manter uma integração social.

O objetivo geral da terapia ocupacional é ajudar a pessoa com autismo a melhorar a qualidade de vida em casa e na escola. O terapeuta ajuda a introduzir, manter e melhorar as habilidades para que as pessoas com autismo possam chegar à independência (Crefito, 2019).

Exemplos interessantes da prática cotidiana são os treinos tais como: ir ao banheiro, vestir-se, escovar os dentes, calçar os sapatos. Trabalhos com a coordenação motora fina, como: caligrafia ou cortar com a tesoura e treinos motor, como andar de bicicleta.

O brincar funcional, a resolução de problemas e as habilidades sociais, a integração dos sentidos com o objetivo de diminuir as estereotipias. Trabalhando todas essas habilidades na criança com TEA, ela poderá expressar sentimentos de maneira adequada, aprender a auto regulação, realizar as atividades do dia a dia e ter, acima de tudo, independência, aprendizagem e autoconfiança (Crefito, 2019).

As crianças com neurodiversidades, por muitas vezes, não se engajam com as atividades ou têm dificuldades em variar as brincadeiras, por isso é tão importante o brincar funcional, pois traz o desenvolvimento lúdico, da criatividade, comunicação e interação entre adultos e crianças.

Mediante a cada criança autista, é necessário criar um programa terapêutico, ou seja, uma terapia individualizada e específica, podendo ter como base alguns modelos como: o Tratamento em Educação para Autistas e Crianças com Deficiências relacionadas a Comunicação (TEACCH), Aba Analise do Comportamento Aplicada (ABA) e Sistema de Comunicação por Troca de Figuras (PECS) de acordo com a necessidade de cada indivíduo.

Nos indivíduos que falam, a terapia é direcionada no desenvolvimento da compreensão e expressão verbal, possibilitando maior autonomia e independência, desenvolvendo uma maior motivação para se comunicar e aumentando, desta forma, seu vocabulário (Crefito, 2019).

Fonte: Arquivo da autora.

Fonoaudiólogo

Melhorar os sintomas comportamentais, a comunicação verbal e a não verbal. Para que a criança evolua satisfatoriamente, essa intervenção deve começar cedo. Para o desenvolvimento de sua linguagem receptiva e expressiva, gestual, oral e escrita, capacitando-o para compreender, realizar atividades e agir sobre o ambiente que o cerca.

Técnicas de inclusão de quadros de Imagem, para compreender a comunicação verbal e entender as intenções em uma variedade de situações e ambiente.

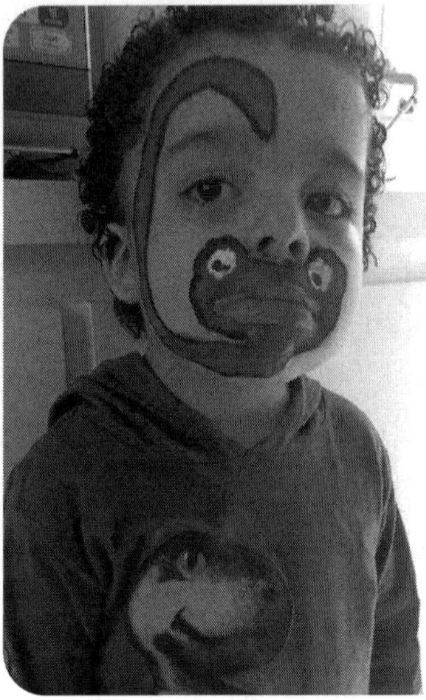

Fonte: Arquivo da autora.

Música

A música também é uma terapia muito importante, pois auxilia aos autistas a entenderem suas emoções e sua interação com o mundo. O autista não está na terapia para aprender um instrumento musical, mas sim para expressar suas emoções, por meio dos sons e das danças.

Sabe-se que com a música, os movimentos estereotipados diminuem e a própria hiperatividade é controlada. Contribue muito para a organização do pensamento e auxilia na criatividade (Gattino, 2019).

Atividades como estimulação rítmica, entonação de voz, ou até mesmo o aprendizado de um instrumento musical, contribuem no bem-estar emocional, a saúde física oferecendo caminhos de comunicação para aqueles que tem dificuldade em se expressar em palavras.

Fonte: Arquivo da autora.

Equoterapia e Crianças com Autismo

De acordo com Paloma Navarro (2010) na equoterapeuta, o cavalo não funcionou apenas como um instrumento de trabalho mas foi, em alguns casos, o próprio agente terapêutico transformador. A autora observou que o animal, normalmente, reduzido a um instrumento que intermedia a transferência do vínculo da criança para o fonoaudiólogo, trouxe benefícios do ponto de vista da aquisição de linguagem e sobre a percepção e o reconhecimento do próprio corpo pela criança (Anunciação, 2019).

Além disso, outros benefícios foram o estímulo ao tato e ao chamado sistema vestibular, responsável pela manutenção do equilíbrio. O estímulo ao tato ocorre devido ao efeito cinesioterápico promovido pelo passo do cavalo. Os resultados ainda demonstram que a equoterapia contribuiu para que as crianças compreendessem o próprio corpo psiquicamente, o que a autora chama de conformação corporal psíquica. "Observamos nas crianças diagnosticadas com esse transtorno autista que o animal proporciona novas sensações e interações de diversas maneiras".

E, a partir disso, pode ocorrer um desenvolvimento da linguagem. De acordo com a fonoaudióloga Paloma Rocha Navarro (2010), "A equoterapia é fundamental, pois a importância do cavalo como um agente capaz de permitir que a criança sinta e reconheça o seu próprio corpo" (Anunciação, 2019).

Neste ponto, a estudiosa critica a concepção de corpo com o qual a fonoaudiologia tradicional trabalha. Trata-se, segundo Navarro (2010), de um corpo que remete somente à cabeça e ao pescoço. No entanto, a partir dos achados da pesquisa, precisamos considerar o corpo como um todo, não só partes de um corpo quando estamos trabalhando com linguagem no âmbito do transtorno do Espectro Autista (Anunciação, 2019).

Uma criança que faça essa equoterapia, ajuda muito no equilíbrio, concentração postura. Aprimora o andar, sentar, ficar de pé ou se locomover de maneira geral.

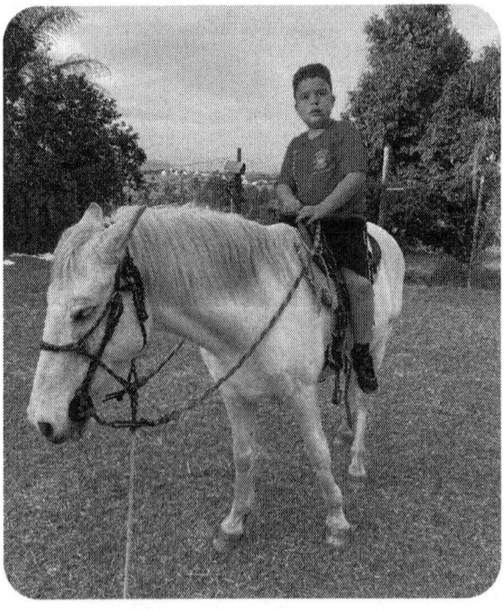

Fonte: Arquivo da Autora.

Psicomotricidade

A psicomotricidade se apresenta como uma das melhores e mais importantes terapias para o tratamento de autistas, pois trabalhando desde a primeira infância com atividades voltadas para as crianças com a idade mental e fisiológica adequada,teremos resultados satisfatórios principalmente se trabalhados em ambiente escolar, onde o convívio com outras crianças e a socialização, são aspectos favoráveis ao estímulo e desenvolvimento da criança (Cornelsen, 2007).

Atividades como por exemplo: pular, correr, rolar, ajudamos a crianças a perceber seu próprio corpo estimular coordenações finas e grossas.

Podemos observar também, o desenvolvimento da independência em saber escolher e também filtrar com o que quer brincar, sempre com um olhar analítico sobre a habilidade psicomotora dos autistas, oportunizando as crianças aos trabalhos e brincadeiras que desenvolvam a curiosidade,brinquedos lúdicos respeitando as sensibilidades e os seus quereres, sempre de forma individualizada e acompanhada pelos profissionais e outras intervenções necessárias, formando assim uma equipe multidisciplinar. Não esquecendo que cada criança com autismo,necessita de um acompanhamento único e diferenciado em busca da superação de suas limitações (Cornelsen, 2007).

Danças, faz de conta, jogar bolas são alguns exemplos de atividades que trabalham de forma geral as particularidades e necessidades de cada criança e fazer com que ela adquira consciência corporal e sua relação com o ambiente externo.

Sendo assim, o psicomotricista tem um papel importante na vida e no desenvolvimento na criança autista, devido a ajuda no desenvolvimento de habilidades essenciais e a interação da criança com o seu ambiente externo.

Fonte: Arquivo da Autora.

INTERVENÇÃO EDUCACIONAL COM CRIANÇAS AUTISTAS

De acordo com Perissinoto (2003) a atuação educacional na área das chamadas necessidades especiais, tem possibilitado a ampliação da escolarização para os estudantes com graves dificuldades. É de senso comum a importância da atuação educacional para os quadros de Transtornos Globais do Desenvolvimento. Embora exista uma variedade de modelos, inclusive os que defendem a sua inclusão no ensino comum, um dos mais conhecidos, se utilizados métodos, talvez seja o Treatmente and Education of Autistic and Related Communication Handicapped Children (TEACCH).

A proposta de tratamento TEACCH se desenvolveu a partir de um grupo criado no departamento de Psiquiatria da Universidade da Carolina do Norte, nos Estados Unidos, com o objetivo de promover a adaptação das crianças autistas de forma interativa e atuante. Deste modo, se propõe o desenvolvimento de programas específicos de ensino e de tratamento individualizado para essas crianças por meio de: propostas de avaliações em diferentes situações; de modelo de ensino de estruturas de estratégias para o desenvolvimento da comunicação e das habilidades sociais na busca pela máxima autonomia (Perissinoto, 2003).

Esse método ajuda na promoção do aprendizado, a partir da valorização das capacidades cognitivas de cada indivíduo.

AJUDANDO FAMÍLIAS A LIDAR COM O AUTISMO

O autismo causa um grande impacto na família, principalmente na vida das mães.

Um estudo comparou os perfis de estresse de mães e de pais de crianças com autismo. O resultado mostrou que as mães ficam muito mais estressadas, pois grande parte do trabalho com os filhos fica para elas durante grande parte do dia. Outro estudo demonstrou que as mães das crianças com autismo apresentam também mais depressão do que as mães das crianças com síndrome de Down, sugerindo que a sobrecarga com o cuidado e a natureza do déficit da criança exerce um papel na depressão materna (Guzman, 2002).

As mães sofrem com todas as dificuldades que seu filho possa enfrentar, por isso é tão importante uma rede de apoio psicológico para essas famílias.

De acordo com Guzman (2002) foi demonstrado que os genitores sofrem, principalmente devido à demora em chegar-se a um diagnóstico aos comprometimentos especificamente associados ao autismo (ausência de fala, hiperatividade e crises de birra) e às preocupações sobre o futuro de seu filho. Muitas mães se dedicam integralmente a seus filhos, abrindo mão de suas carreiras, pais que se sentem despreparados para tal tarefa e abandonam mãe e filho. Casais que perdem suas intimidades, pela dificuldade de sono da criança, ou seja, fatores de estresse para toda família.

Muitas famílias se recusam a aceitar o diagnóstico, mães se culpam, e por isso é tão importante o trabalho terapêutico e a aceitação da perda desse filho ideal.

Vale ressaltar a atenção para a importância de aconselhar os pais sobre as vantagens e as desvantagens relativas a diferentes tratamentos. Ainda que seja importante, não parecer tão pessimista, existe também a necessidade de demostrar que os tratamentos diferem em seus fundamentos e que avaliações sistemáticas ainda têm que ser demonstrada para a maioria deles.

Os diferentes tratamentos devem ser muito explicados e orientados por nós profissionais, para que a família encontre o tratamento que responda as expectativas e realidades do seu filho.

Todo esse envolvimento com o TEA, é o que procuro aprimorar em meus pacientes. Está muito ligado à minha história de vida, como tia e como madrinha, de um lindo autista chamado Davi.

HISTÓRIA DE FADA MADRINHA REAL

Vou contar um pouco da minha paixão em trabalhar com TEA.

Em 2017, com dois anos, e meio, meu sobrinho e afilhado querido e tão desejado por todos, começou a ter muitas dificuldades na escola. Minha irmã Simone, juntamente, com sua família, morava em São Pedro, interior de São Paulo.

No carnaval de 2017, minha irmã veio com o Davi para passar o feriado em minha casa, moro em São Paulo.

Durante aqueles dias com o Davi, comecei a observar seu comportamento e a desconfiar de autismo. Brinquedos enfileirados, andar nas pontas dos pés, girar, entre outras ações.

Na época, conversei com meu marido, Nori, que também atua há 30 anos na educação e chegamos à conclusão que deveríamos falar com minha irmã. Mas nessa hora, faltou-me coragem, força e, de certo modo, frieza em contar tudo o que havíamos observado.

Só tive coragem de dizer, leve o Davi para um neuropediatra. Minha irmã Simone me indagava, "mas por quê?", dizia que era por conta do atraso de fala.

Passada algumas horas, ela me disse que havia sido chamada pela escola do Davi para conversar. Naquele momento, senti um fio de esperança, devido à escola que podia ter observado o mesmo que nós.

Ela me pediu para ir junto nessa reunião. Viajamos para São Pedro, e lá, a coordenação e a direção, falou tudo o que eu queria dizer. Minha irmã desmoronou, chorou muito, mas eu estava ali, pronta para ajudar no que fosse preciso.

Depois desse luto, sofrido por todas as mães atípicas, falei para a Simone: "Vamos atrás desse diagnóstico e começar as terapias"

E essa luta começou!

Já dava aulas há dezoito anos na rede particular e, me inscrevi em uns pós-graduação em Neuropsicopedagogia. Presencial, aos sábados e domingos das 8h às 17h.

Foi muito cansativo, mas confesso que, ali aprendi muito, na teoria e na prática. Professores excelentes e um preparo espetacular para qualquer Neuropsicopedagoga.

Me formei e não parei os cursos de especialização. O Davi, ah! Esse já estava fazendo todas as terapias possíveis e imaginárias.

Minha irmã, deficiente, de baixa visão, vítima de um AVC aos trinta anos, aposentada, não teve outra escolha, parou sua vida e foi à luta. E que luta!

Hoje, o Davi está com 9 anos e é um garoto incrível!

Fala tudo, inteligente, articulado, muito amoroso com todos, e até garoto-propaganda de sua cidade.

Minha irmã se tornou uma mulher engajada nessa luta, ajuda diversas mães, claro, sempre com a ajuda do Davi, que dá até palestras (risos).

Eu? Ah! Muito feliz com tudo isso. Me tornei uma professora com um olhar diferenciado para todos os meus estudantes, com dificuldades ou com transtornos e mesmo com aqueles que não têm dificuldades aparentes.

E, graças ao Davi, hoje tenho um consultório, ajudo muitas crianças. Sou bem feliz com essa profissão. Tenho empatia com as famílias, aliás, vivi na pele como todos elas!

A dor veio com muito aprendizado para todos da família.

"O autismo não é um quebra-cabeça a ser resolvido. É um ser humano a ser compreendido"

(Autor desconhecido).

Fonte: Arquivo da Autora.

CONSIDERAÇÕES FINAIS

O desenvolvimento do tema Evolução do Autismo mostrou o quanto à interação social, a comunicação e os padrões de interesse interferem diretamente no indivíduo e na sua família. As crianças autistas mostraram resultados bem positivos em relação à sua interação social. Ficou evidente que a escolha da escola é algo muito complexo, pois em alguns casos precisam de sala de apoio e de metodologias mais apropriadas.

No Brasil, a oferta dessas escolas é mínima, pois a maioria possui currículos rígidos e raramente conseguem suprir essas necessidades. Quando articulamos uma proposta de evolução, temos que ter uma intervenção efetiva para esse desenvolvimento social e acadêmico.

Escolas particulares apresentam esses currículos muito rígidos, e em contrapartida já vi, em muitas escolas públicas, trabalhos incríveis com as crianças com diversas dificuldades. Acredito que tanto na escola pública quanto na escola particular, deve existir o comprometimento de todos os profissionais envolvidos com a educação, e devem ajudar nessas necessidades educativas que o autismo apresenta.

A proposta TEACCH, desenvolvida nos EUA, adaptadas para crianças autistas foi sua inclusão no ensino comum, com um modelo de ensino individualizado na qual a participação da criança é sempre de forma interativa e atuante e tem como objetivo desenvolver habilidades sociais em busca de sua autonomia no futuro.

Ainda dentro das intervenções, deve-se ressaltar os comportamentos desafiadores. Oferecer a essas crianças oportunidades de observarem ou de interagirem com outras crianças típicas. Essa é, ainda, a melhor estratégia, não esquecendo de todo o preparo do professor e da família.

Sem dúvida, o maior desafio das famílias é receber a notícia de que seu filho é autista. É um impacto sobre a família principalmente, sobre as mães. Escolhi esse tema, pois vivi essa realidade de perto. Os pais vivem um momento de luto e de negação e em seguida buscam ajuda, incessantemente, para que seu filho tenha uma vida saudável. Só lamento que as pessoas que não possuem recursos financeiros para oferecer terapias tão eficazes, são carentes de ajuda governamental, não tendo um tratamento adequado.

Muito eficaz e produtiva, são as terapias que apresentam ótimos resultados, auxiliando à criança em sua interação e em sua comunicação social.

REFERÊNCIAS

AMERICAN PSYCHIATRIC ASSOCIATION. **DSM-5 — Manual Diagnóstico e Estatístico de Transtornos Mentais:** 5. ed. Artmed.

ANUNCIAÇÃO, Silvio. Equoterapia estimula crianças com autismo. Disponível em: https://www.unicamp.br/unicamp/ju/678/equoterapia-estimula-criancas-com-autismo Acesso em 28 de nov. 2019.

BAPTISTA, Cláudio Roberto; BOSA Cleonice; e colaboradores. **Autismo e educação: reflexões e propostas de intervenção**. Porto Alegre, Artmed, 2002.

CORNELSEN, Sandra. Uma criança autista e sua trajetória na inclusão escolar por meio da psicomotricidade relacional. Universidade federal do Paraná, 2007 Curitiba.

CREFITO. **O papel do terapeuta ocupacional no tratamento do autista**. Disponível em www.crefito9.org.br Acesso em: 12 de setembro de 2019.

GATTINO, Gustavo Schulz. **Como a música pode ajudar pessoas com autismo.** Disponível em https://inspiradospeloautismo.com.br Acesso em: 12 de setembro 2019.

GUZMAN, H. M. da S. et al. **Autismo: questões de tratamento e consequências na família**. Iniciação Científica Cesumar, Maringá, v. 4, n. 1, p. 63-8, mar. /jul. 2002.

PERISSINOTO, Jacy. **Conhecimentos essenciais para atender bem a criança com autismo.** São José dos Campos: Editorial Pulso, 2003.

SCHWARTZMAN, José Salomão. **Cem dúvidas sobre o autismo.** São Paulo: Memnon, 2018.

TDAH NOS AMBIENTES EDUCACIONAIS

Jorge Marques Pontes (*)

INTRODUÇÃO

O Projeto de Extensão "Explorando Mentes" foi realizado de fevereiro a abril de 2024 por estudantes do curso de pedagogia de uma universidade particular e abordou a necessidade de pais e de educadores estarem bem informados e capacitados para identificar e manejar o Transtorno do Déficit de Atenção e Hiperatividade (TDAH) em ambientes educacionais, devido acredita-se que, com uma compreensão aprofundada sobre o TDAH, um transtorno de neurodesenvolvimento caracterizado por padrões persistentes de desatenção e/ou hiperatividade-impulsividade, é possível elaborar estratégias eficazes que beneficiem diretamente o desenvolvimento e o bem estar dos estudantes.

Além das capacitações e das atividades educacionais com a transposição pedagógica dos conhecimentos científicos sobre o transtorno e sobre a sua divulgação, este projeto incorporou uma pesquisa epidemiológica com o

---

(*) Graduado em Filosofia e Mestre em Políticas Públicas, com especializações em Gestão Pública, Saúde Pública, Neurociência e Psicopedagogia. Com uma carreira acadêmica de mais de 20 anos, leciona em cursos de Pedagogia, Psicologia e Direito. Exerceu a função de coordenador nos cursos superiores de Tecnologia em Gestão Hospitalar e Gestão Pública. Escritor e palestrante, sua vasta experiência acadêmica e interdisciplinaridade garantem uma visão abrangente e profunda nos campos da Neuropsicopedagogia e Educação.

objetivo de avaliar a prevalência do TDAH entre os estudantes e os professores da instituição e observar a teoria na prática.

A pesquisa utilizou o *Adult Self-Report Scale* (ASRS) *Screener*, uma ferramenta validada pela Organização Mundial da Saúde (OMS) que permite uma avaliação rápida e eficaz dos sintomas do transtorno. O entendimento dessa prevalência em um grupo populacional é fundamental para orientar intervenções e garantir que elas sejam direcionadas e adaptadas às necessidades reais do público-alvo.

O cotidiano escolar demonstra que a grande dificuldade de lidar com diferentes transtornos psiquiátricos e de aprendizagem nos ambientes educacionais ainda é o tabu em falar sobre o tema saúde mental. A OMS (2021) destaca que a estigmatização e a discriminação são problemas significativos que afetam pessoas com transtornos mentais. Essas pessoas, frequentemente, têm seus direitos humanos violados e enfrentam restrições em seus direitos econômicos, sociais e culturais, incluindo limitações no acesso ao trabalho e à educação, direitos reprodutivos e ao mais alto padrão de saúde possível. Além disso, podem ser submetidas às condições de vida insalubres, à abuso físico e sexual, à negligência e à tratamentos degradantes em instituições de saúde.

Devido à estigmatização, as pessoas com transtornos mentais, muitas vezes, são excluídas e marginalizadas da sociedade, o que constitui um impedimento significativo para a realização de metas de desenvolvimento nacional e internacional. A estigmatização também resulta em uma maior vulnerabilidade e marginalização, levando, frequentemente, à pobreza e ao encarceramento inadequado.

Este projeto se insere na perspectiva do plano de ação da OMS (2021) que propõe várias medidas para reduzir o estigma e a discriminação, tais como: campanhas de conscientização, de educação e de treinamento objetivando aumentar o conhecimento público sobre a saúde mental e implementar programas escolares e comunitários que abordem a saúde mental, promovam habilidades socioemocionais e reduzam a discriminação.

No contexto brasileiro, o "Explorando Mentes" buscou ser instrumento da Lei nº 14.254, de 30 de novembro de 2021 que dispõe sobre o acompanhamento integral para educandos com dislexia ou TDAH ou outro transtorno de aprendizagem. Esse acompanhamento se caracteriza pela identificação precoce do transtorno, o encaminhamento do estudante para diagnóstico, o apoio educacional na rede de ensino, bem como o apoio terapêutico especializado na rede de saúde.

O TRANSTORNO DO DÉFICIT DE ATENÇÃO E HIPERATIVIDADE (TDAH)

Segundo Barkley e Murphy (2008), o TDAH é um transtorno do neurodesenvolvimento que afeta tanto crianças quanto adultos. Este transtorno compreende sintomas como diminuição da inibição da resposta, controle do impulso, capacidade de esperar pela gratificação, hiperatividade e atenção sustentada deficiente. Esses sintomas são observados na incapacidade do indivíduo de parar e de pensar antes de agir, na dificuldade em esperar a sua vez, na incapacidade de manter a concentração e nos problemas em completar tarefas.

O transtorno tem uma forte contribuição biológica, com a hereditariedade/genética sendo responsável por aproximadamente 80% das diferenças entre os indivíduos com esse transtorno. Embora as causas precisas ainda não tenham sido completamente identificadas, vários genes associados ao TDAH foram descobertos, indicando uma complexidade genética significativa.

Além dos fatores genéticos, outras causas incluem complicações durante a gravidez, exposição pré-natal ao álcool e ao tabaco, parto prematuro, baixo peso ao nascer, níveis elevados de chumbo no corpo e danos pós-natais às regiões pré-frontais do cérebro (Barkley; Murphy, 2008, p. 130).

É importante dizer que a classificação do transtorno é feita em subtipos que dependem das combinações de sintomas que o indivíduo apresenta: tipo predominantemente hiperativo-impulsivo, tipo predominantemente desatento e tipo combinado. O início dos sintomas, geralmente, ocorre entre os três e os seis anos de idade, e pode persistir na adolescência e na idade adulta, com variação na intensidade dos sintomas ao longo do tempo.

NEUROCIÊNCIA DO TRANSTORNO

Segundo Kapczinski [et al...] (2011) e Quevedo [et al...] (2019), o Transtorno de Déficit de Atenção/Hiperatividade é um dos transtornos mentais mais comuns em crianças e em adolescentes, com prevalência global estimada em 5,3% nessa faixa etária. Este transtorno, caracterizado por sintomas de desatenção, de hiperatividade e de impulsividade, apresenta uma etiologia multifatorial, envolvendo tanto fatores genéticos quanto fatores ambientais. Além disso, o TDAH é, frequentemente, comórbido com outros transtornos psiquiátricos, como transtornos de conduta e de oposição desafiante na infância, e transtornos de humor e de ansiedade na vida adulta.

Estudos de neuroimagem e neuropsicologia demonstram que o TDAH está associado às disfunções em várias regiões cerebrais. As principais estruturas envolvidas incluem: o córtex pré-frontal (CPF), o córtex cingulado anterior, o corpo estriado (núcleo caudado e putâme) e o cerebelo. Essas áreas são cruciais para o controle de processos cognitivos, de regulação do comportamento, de planejamento motor e de inibição de estímulos externos. Modelos experimentais com lesões no CPF, por exemplo, replicam sintomas de hiperatividade, impulsividade e desatenção observados no TDAH, sugerindo o envolvimento direto dessa estrutura na etiologia do transtorno (Kapczinski et al., 2011, p. 263).

Os sistemas de neurotransmissão dopaminérgico e noradrenérgico são centrais na fisiopatologia deste transtorno. A dopamina (DA) e a noradrenalina (NA) desempenham papéis importantes na modulação da atenção, do estado de alerta, da memória de trabalho e de outras funções cognitivas e executivas que geralmente estão prejudicadas no TDAH. Níveis de DA e NA seguem um padrão de curva em U invertido, onde tanto a atividade muito alta quanto a muito baixa desses neurotransmissores podem comprometer suas funções (Quevedo et al., 2019. p. 261).

Estudos indicam que o TDAH possui uma alta herdabilidade, estimada em cerca de 80%. Vários genes têm sido associados ao transtorno, incluindo aqueles relacionados aos receptores de dopamina (DRD4 e DRD5), ao transportador de dopamina (DAT) e à enzima β-hidroxilase da dopamina (DBH). Esses genes influenciam a disponibilidade e a regulação da dopamina e noradrenalina, afetando diretamente a função dos circuitos cerebrais envolvidos no TDAH (Quevedo et al., 2019, p. 406 e Kapczinskl et al., 2011, p. 262).

EVIDÊNCIAS DE NEUROIMAGEM

Técnicas de neuroimagem revelam atrasos significativos na maturação cerebral em crianças com TDAH. Estudos observaram um atraso de cerca de três anos na maturação de 50% do cérebro em crianças com TDAH, especialmente em regiões pré-frontais do córtex. Esse atraso, sugere que o TDAH pode resultar de um desenvolvimento cerebral mais lento, em vez de um desvio completo do padrão de desenvolvimento típico (Quevedo et al., 2019, p. 406 e Kapczinski et al., 2011, p. 262).

O TRANSTORNO NA ADOLESCÊNCIA

Steinberg (2022) reforça o que já foi dito sobre a classificação do transtorno, a hereditariedade/genética e os fatores de risco pré e pós-natal, entretanto, aponta que a característica definidora do TDAH na adolescência, em contraste com a infância, é, geralmente, a desatenção, em vez da impulsividade ou da hiperatividade. Adolescentes com o transtorno também são classificados por Stenberg (2022) em um dos três subtipos, mas com detalhes percentuais apurados em suas pesquisas:

Subtipos predominantes	Percentuais na adolescência
Desatentos	30 a 40% dos casos
Hiperativos/impulsivos	menos de 5% dos casos e raramente visto na adolescência
Combinado	entre 50 e 60% dos casos

Tabela 1 — Fonte Steinberg (2002).

O autor aponta ainda que estes adolescentes, além de estarem em risco para dificuldades acadêmicas, também estão propensos à uma ampla gama de problemas não acadêmicos, incluindo o abuso de substâncias, os problemas comportamentais, as dificuldades em adiar gratificações, a ansiedade, as relações problemáticas com colegas, a obesidade e a depressão. E, mais seriamente, Steinberg (2022) ressalta que o transtorno em estudo também está presente em muitos casos de delinquência juvenil.

Estudos recentes sobre o desenvolvimento cerebral durante a adolescência apontam para atrasos ou deficiências no desenvolvimento de regiões associadas à autorregulação, como o córtex pré-frontal; a poda sináptica dessa região ocorre em um ritmo mais lento entre indivíduos com TDAH do que entre aqueles sem o transtorno.

Interessantemente, indivíduos sem o transtorno, mas que são mais hiperativos e mais impulsivos do que seus pares, mostram padrões de desenvolvimento cerebral que estão entre aqueles observados em adolescentes com TDAH e adolescentes que possuem um bom controle de impulso, sugerindo que a condição pode ser um ponto extremo em um *continuum*, em vez de uma categoria qualitativamente distinta. Há também evidências de que adolescentes com TDAH são mais sensíveis a recompensas, o que pode influenciar suas decisões em direção ao comportamento de risco (Steinberg, 2022, p. 162).

O tratamento, geralmente, envolve o uso de psicoestimulantes, como metilfenidato e anfetaminas, que atuam aumentando a disponibilidade de dopamina e noradrenalina nas sinapses. Esses medicamentos melhoram os sintomas principais, como desatenção, hiperatividade e impulsividade, além de melhorar o desempenho acadêmico e social dos pacientes. Estudos com modelos animais indicam que os estimulantes também normalizam a atividade dos circuitos neurais alterados no TDAH, melhorando a função executiva e a memória de trabalho (Quevedo et al., 2019, p. 405 e Kapczinski et al., 2011, p. 262).

A medicação estimulante é eficaz em cerca de 70% dos casos. Certos tipos de antidepressivos, como bupropiona, também têm demonstrado ser eficazes, especialmente, em adolescentes que possuem tanto TDAH quanto algum tipo de transtorno de humor, como ansiedade ou depressão. Terapias psicológicas para o transtorno são amplamente utilizadas, muitas vezes, em conjunto com a medicação, embora essas terapias sejam mais comumente usadas com crianças do que com adolescentes.

Uma preocupação sobre o uso generalizado de medicação estimulante por adolescentes com o transtorno, é que muitos indivíduos que recebem essa medicação a compartilham com amigos não afetados, que podem usar a medicação de forma recreativa ou para auxiliar nos estudos (a medicação estimulante melhora a atenção na maioria dos indivíduos, independentemente de terem TDAH). Além disso, estudantes que frequentam escolas de alta performance podem usar a medicação para melhorar seu desempenho nos testes, tomando a medicação durante o ano letivo e interrompendo-a durante o verão (Steinberg, 2022, p. 162).

A Associação Americana de Psiquiatria (APA) informa que comorbidade refere-se à presença de um ou mais transtornos adicionais e/ou condições médicas coexistindo com o TDAH no mesmo indivíduo. As principais comorbidades associadas incluem (APA, 2022, p. 69):

a) Transtornos de Conduta e Desafiador Opositivo: Crianças com TDAH são significativamente mais propensas a desenvolver transtorno de conduta e transtorno desafiador opositivo.

b) Transtornos de Ansiedade e Depressão: É comum que indivíduos com TDAH também apresentem transtornos de ansiedade e depressão, o que pode complicar o diagnóstico e o tratamento.

c) Transtornos de Aprendizagem: Muitos indivíduos com TDAH também têm transtornos específicos de aprendizagem, o que afeta seu desempenho acadêmico.

d) Transtornos de Uso de Substâncias: A prevalência de transtornos de uso de substâncias é maior em indivíduos com TDAH, especialmente quando não tratado adequadamente.

e) Transtornos do Sono: Problemas de sono, incluindo apneia do sono e insônia, são comuns em indivíduos com TDAH.

Segundo a APA (2022), a prevalência do TDAH varia conforme a idade e o gênero. A prevalência média global do TDAH em crianças é de aproximadamente 5%, enquanto, que em adultos é de cerca de 2,5%. O transtorno é mais frequente em meninos do que em meninas na infância, com uma proporção de aproximadamente 2:1. Em adultos, a proporção é de cerca de 1,6:1. Meninas e mulheres com TDAH tendem a apresentar mais sintomas de desatenção em comparação com meninos e homens.

Sobre a idade, como vimos anteriormente, os sintomas de TDAH, geralmente, começam na infância, antes dos 12 anos de idade. No entanto, os sintomas podem persistir na vida adulta, embora possam se manifestar de maneiras diferentes.

COMO LIDAR COM O TRANSTORNO NOS AMBIENTES ESCOLARES?

Segundo Barkley e Murphy (2008), o TDAH é uma condição neurogenética que afeta, significativamente, a capacidade de uma criança em manter a atenção, em controlar impulsos e em regular o nível de atividade, como já citamos por outros autores. Esse transtorno, pode impactar, negativamente, o desempenho acadêmico e a interação social no ambiente escolar. Por isso, é essencial que educadores e administradores escolares implementem medidas eficazes para ajudar os estudantes a alcançar seu potencial máximo.

Entre as estratégias de manejo em sala de aula, está o estabelecimento de um "código comportamental" no início do ano letivo. Professores do ensino fundamental, costumam chamar isso de "combinados" e com eles estabelecem uma rotina na sala de aula. Os autores, Barkley e Murphy (2008), dizem que durante as primeiras semanas do ano escolar, é crucial que os professores estabeleçam um controle firme sobre o comportamento dos estudantes com TDAH. Isso inclui definir regras claras e consistentes, além de implementar um sistema de recompensas e consequências para orientar o comportamento dos estudantes.

Mais uma forma de manejo aconselhada é, para evitar que os estudantes com TDAH se sintam sobrecarregados, recomenda-se reduzir a carga de trabalho total e dividir as tarefas em pequenas partes. Por exemplo, em vez de solicitar que a criança resolva trinta problemas de matemática de uma vez, divida a tarefa em grupos de cinco problemas, com intervalos frequentes. Além disso, permitir algum nível de inquietação na área de trabalho e incluir pausas frequentes para exercícios físicos pode ajudar a melhorar a concentração e o comportamento dos estudantes com TDAH.

Até mesmo a estrutura da sala no posicionamento das carteiras importa. Outro conselho, é que a disposição das carteiras deve ser tradicional, ou seja, com todas voltadas para a área de ensino. Por exemplo, se a atividade é realizada em uma mesa circular — comum nas unidades dos anos iniciais da educação básica — as cadeiras devem estar voltadas para a mesa. Além disso, é benéfico sentar os estudantes com TDAH perto do professor para permitir uma supervisão mais próxima e frequente.

Outra estratégia importante, é a de professores concentrarem sua didática para aumentar a produtividade dos estudantes, ou seja, o número de problemas tentados, antes de focar na precisão das respostas. Isso ajuda a construir confiança e um senso de realização nos estudantes.

As lições de casa devem ser cuidadosamente planejadas. É aconselhável, dar atribuições semanais para que os pais possam planejar a semana de acordo. Para estudantes do ensino fundamental, a quantidade de lição de casa deve ser mínima, devido a pesquisa indicar que não há benefícios claros antes do ensino médio.

Ferramentas como divisórias coloridas, textos com codificação de cores e lousas laminadas, podem ajudar na organização e na retenção de informações. O ensino participativo, no qual os estudantes têm algo para fazer enquanto aprendem, também pode ser benéfico. Por exemplo, usar quadros brancos para que os estudantes escrevam e levantem as respostas ao mesmo tempo.

Uma grande dificuldade da pessoa com o transtorno é a questão da recompensa. Segundo Barkley e Murphy (2008), afirma que é fundamental aumentar os elogios, as aprovações e as recompensas para os estudantes com TDAH. Sistemas de pontos ou de símbolos podem ser utilizados para organizar as consequências e as recompensas de maneira visível e tangível. Além disso, as recompensas devem ser variadas, periodicamente, para evitar que os estudantes se entediem.

Estas inciativas, em sala de aula, para os estudantes com TDAH são essenciais para promover um ambiente de aprendizado eficaz e inclusivo. Com estratégias apropriadas e uma abordagem compreensiva, é possível ajudar esses estudantes a superar desafios e a alcançar seu pleno potencial acadêmico e social.

TESTE ASRS SCREENER

O ASRS Screener é um questionário de autorrelato para TDAH e aplicado em adultos, desenvolvido pela Organização Mundial da Saúde (OMS) em conjunto com a revisão da Entrevista Diagnóstica Composta Internacional (CIDI) para a Iniciativa de Pesquisa de Saúde Mental Mundial. Inicialmente, o ASRS incluía perguntas sobre a frequência dos dezoito sintomas do Critério A do DSM-IV para TDAH em adultos.

A calibração clínica comparou cada item com análises dos sintomas do DSM-IV em uma amostra de 154 respondentes, com idades entre 18 e 44 anos. Segundo Kessler et al. (2007), testes estatísticos mostraram a forte associação entre os escores do ASRS Screener e os diagnósticos clínicos, demonstrando sua utilidade tanto em pesquisas epidemiológicas quanto em triagem clínica.

O questionário aplicado pelo Projeto de Extensão "Explorando Mentes" foi anonimizado e incluía uma seção sociodemográfica sobre idade, gênero, categoria (estudante/professor) e curso. Seguia-se com seis perguntas do ASRS Screener:

1) Dificuldade em finalizar os detalhes de um projeto, após as partes mais desafiadoras terem sido concluídas;
2) Dificuldade em organizar tarefas que requerem organização;
3) Problemas em lembrar de compromissos ou obrigações;
4) Inquietação com as mãos ou pés quando tem que ficar sentado por muito tempo;
5) Sentimento de estar excessivamente ativo e compelido a fazer coisas, como se fosse movido por um motor;
6) Terminar as frases das pessoas em conversas antes delas terminarem.

As respostas a essas perguntas foram estruturadas em uma escala *Likert* de 0 a 4, na qual o 0 significava "nunca" e o 4 significava "muito frequentemente".

Além disso, os participantes responderam a perguntas sobre saúde geral e histórico médico, incluindo diagnósticos anteriores, uso de medicamentos e hereditariedade familiar, bem como questões sobre desempenho acadêmico e profissional, e concentração nas aulas.

ANÁLISE ESTATÍSTICA DA PESQUISA DO PROJETO

O Projeto de Extensão "Explorando Mentes" aplicou um questionário online, voluntário, para sua comunidade acadêmica de discentes e docentes entre os dias 05 e 09 de maio de 2024 e recebeu 69 respostas, em sua maioria, mulheres 65,2%.

A análise das seis perguntas do ASRS Screener proposta pelo projeto revelou uma alta consistência interna (α = 0.857), indicando que as perguntas são confiáveis e medem uma construção subjacente comum.

As estatísticas descritivas mostram uma distribuição equilibrada das respostas, com uma tendência central em torno do valor 2 na escala de 0 a 4. Todas as análises seguiram o critério reportado por Kessler et al. (2007) para validar a consistência interna e a distribuição das respostas.

Kessler et al. (2007, p. 247) propõe dois critérios para determinar se um respondente tem TDAH com base nas perguntas do ASRS Screener:

I. **Abordagem 1**: Soma Dicotômica — Nesta abordagem, as respostas são categorizadas como positivas (pontuação 3 ou 4) ou negativas (pontuação 0, 1 ou 2). Sendo que a soma das respostas positivas é calculada para cada respondente, da seguinte forma, um escore total de 0 a 3 é considerado negativo para TDAH, enquanto que um escore total de 4 a 6 é considerado positivo para TDAH.

II. **Abordagem 2**: Soma Completa — Nesta abordagem, as respostas são somadas usando a escala completa de 0 a 4. Sendo que a soma das respostas de todas as seis perguntas deve estar no intervalo de 0 a 24. Desta forma, um escore total de 0 a 13 é considerado negativo para TDAH., enquanto que um escore total de 14 a 24 é considerado positivo para TDAH.

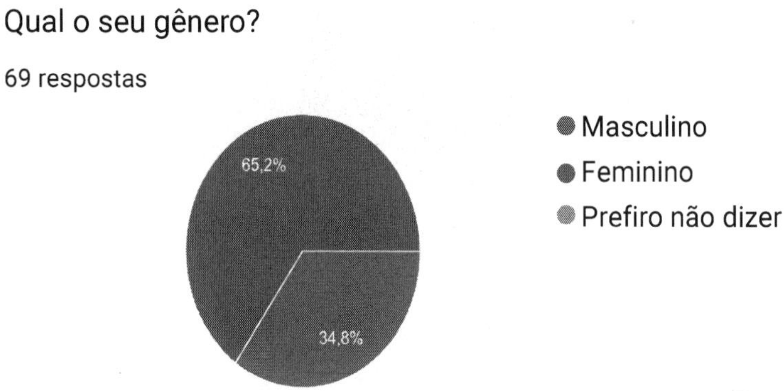

Figura 1: Elaboração do autor.

Para esta análise, foi utilizada a **Abordagem 2** e quando aplicamos este critério às respostas dos 69 pesquisados do Projeto, obtivemos os seguintes resultados:

- Respondentes sem TDAH (Negativo): 45
- Respondentes com TDAH (Positivo): 24

Portanto, 24 respondentes foram classificados como possuindo TDAH com base no critério do "ASRS Screener" descrito no artigo de Kessler et al. (2007). Desses, 7 já haviam sido diagnosticados anteriormente com TDAH, enquanto 17 mencionaram outras condições ou não especificaram o transtorno. Entre os 7 diagnosticados anteriormente, 3 afirmaram estar tomando medicação para TDAH ou outra condição de saúde mental, e 4 relataram histórico familiar de TDAH ou outra condição psiquiátrica. A divisão de gênero desses 7 respondentes foi de 4 homens e de 3 mulheres.

A divisão percentual de gênero dos 24 respondentes classificados com TDAH foi de 54,17% mulheres e 45,83% homens, com a maioria (62,5%) na faixa etária de 18 a

29 anos. Excluindo esses 24 respondentes, 17 pessoas (24,64% do total) responderam "sim" à pergunta "Você enfrenta dificuldades em manter concentração nas aulas ou em outras atividades acadêmicas/profissionais?", sendo 88,24% mulheres e 11,76% homens.

CONSIDERAÇÕES DE PESQUISA

A pesquisa do Projeto de Extensão "Explorando Mentes" aplicou um questionário online voluntário a discentes e docentes, recebendo 69 respostas, das quais 65,2% eram de mulheres. Utilizando o ASRS Screener para identificar possíveis casos de TDAH. A análise das respostas revelou uma alta consistência interna ($\alpha = 0.857$), indicando a confiabilidade das perguntas.

A prevalência de TDAH entre os respondentes foi de 34,78%, com 24 dos 69 participantes classificados como positivos para TDAH usando a abordagem de soma completa. Esta abordagem considera um escore total de 14 a 24 como indicativo de TDAH.

Este valor é, significativamente, mais alto do que as prevalências globais de, aproximadamente, 5% em crianças e 2,5% em adultos mencionadas pela APA (2022). A elevada prevalência na amostra, pode ser explicada pela auto seleção dos participantes interessados no tema ou pelas especificidades da população acadêmica estudada.

Dos respondentes classificados com TDAH, 54,17% eram mulheres e 45,83% eram homens. A APA (2022) indica que o TDAH é mais comum em meninos na infância, mas essa diferença diminui na idade adulta. A maior proporção de mulheres, na amostra, pode refletir um maior interesse ou disposição para participar da pesquisa entre as mulheres ou uma maior conscientização e reconhecimento do TDAH em mulheres na população acadêmica.

A maioria dos respondentes com TDAH (62,5%) estava na faixa etária de 18 a 29 anos, que corresponde à idade típica dos discentes universitários. Segundo a APA (2022), os sintomas de TDAH podem persistir na vida adulta, embora se manifestem de maneiras diferentes. A concentração de casos nessa faixa etária é consistente com a demografia da população estudada.

Entre os 24 respondentes classificados com TDAH, 7 já haviam sido diagnosticados anteriormente, 3 estavam tomando medicação para diferentes condições de saúde mental, e 4 relataram histórico familiar de transtornos psiquiátricos. A APA (2022) destaca que o transtorno estudado aqui, frequentemente, coexiste com outros transtornos, como ansiedade, depressão e transtornos de aprendizagem, o que complica o diagnóstico e o tratamento. E assim, como relatado por Barkley e Murphy (2008), este transtorno tem uma forte contribuição biológica.

Excluindo os 24 respondentes classificados com o transtorno, 17 (24,64% do total) relataram dificuldades de concentração em atividades acadêmicas ou profissionais, sendo 88,24% mulheres e 11,76% homens.

Isso sugere que dificuldades de concentração são prevalentes mesmo entre aqueles não diagnosticados, possivelmente, indicando a presença de outros transtornos ou condições que afetam a atenção e o desempenho, ou ainda, o estresse gerado pelas preocupações e pelas exigências do início da vida acadêmica e profissional.

Em síntese, a pesquisa não foi, suficientemente, conclusiva quanto às causas da presença do transtorno na comunidade acadêmica — um dos pontos fracos dos estudos transversais, entretanto, demonstrou, na prática, a teoria apreendida pelos estudantes do projeto.

CONSIDERAÇÕES FINAIS

O TDAH apresenta desafios significativos nos ambientes educacionais, exigindo atenção cuidadosa e estratégias eficazes para promover o desenvolvimento acadêmico e social dos estudantes afetados. O Projeto de Extensão "Explorando Mentes" sublinhou a importância de capacitar pais e educadores para identificar e manejar o TDAH de forma construtiva, conforme os princípios estabelecidos pela Lei nº 14.254, de 30 de novembro de 2021, que destaca a necessidade de acompanhamento integral para estudantes com TDAH, garantindo suporte adequado e tempestivo para maximizar seu potencial de aprendizado.

A realização de projetos e de pesquisas, como o "Explorando Mentes", é fundamental para informar e para orientar políticas educacionais baseadas em evidências. A pesquisa epidemiológica com o ASRS Screener, pode permitir uma avaliação da prevalência de TDAH, fornecendo dados essenciais para a elaboração de intervenções específicas e adaptadas às necessidades reais da comunidade escolar.

Esta abordagem empírica é vital para desenvolver estratégias que não apenas identificam o transtorno na comunidade escolar, mas também orientam soluções práticas para seu manejo.

As medidas recomendadas neste artigo, como a implementação de regras claras, a divisão das tarefas em partes menores, a organização do espaço físico da sala de aula e o uso de sistemas de recompensas, são práticas eficazes para apoiar os estudantes.

Estas estratégias, fundamentadas em evidências, ajudam a criar um ambiente de aprendizado inclusivo, permitindo que esses estudantes desenvolvam habilidades essenciais para seu sucesso acadêmico e social.

Além disso, a ênfase na redução do estigma e na promoção de uma comunicação assertiva sobre a saúde mental, contribui para um entendimento mais amplo e mais compassivo sobre o transtorno. Educadores bem informados e capacitados são mais capazes de reconhecer os sinais precoces e implementar intervenções eficazes, melhorando a qualidade da educação e o bem-estar dos estudantes.

Em suma, alinhar as práticas educacionais às diretrizes da Lei nº 14.254, de 30 de novembro de 2021, combinado com a aplicação de pesquisas robustas e a implementação de estratégias de manejo, é crucial para criar ambientes escolares que apoiem plenamente os estudantes com TDAH. Este enfoque integrado, não apenas facilita o desenvolvimento acadêmico desses estudantes, mas também promove um ambiente educacional mais inclusivo e eficaz para todos.

REFERÊNCIAS

AMERICAN PSYCHIATRIC ASSOCIATION (APA). **Diagnostic and Statistical Manual of Mental Disorders:** DSM-5-TR. 5. ed., text revision. Washington, DC: American Psychiatric Association, 2022.

BARKLEY, Russell A. **Taking Charge of ADHD**, Third Edition: The Complete, Authoritative Guide for Parents. New York: The Guilford Press, 2013.

BARKLEY, Russell A.; MURPHY, Kevin R. **Transtorno de Déficit de Atenção/Hiperatividade:** Exercícios Clínicos. Porto Alegre: Artmed, 2008.

GRAY, Sarah; WOLTERING, Steven; MAWJEE, Karizma; TANNOCK, Rosemary. **The Adult ADHD Self-Report Scale (ASRS):** Utility in College Students with ADHD. PeerJ, v. 2, e324, 2014. Disponível em: https://peerj.com/articles/324/.

KAPCZINSKI, Flávio; QUEVEDO, João; IZQUIERDO, Iván; et al. **Bases biológicas dos transtornos psiquiátricos:** uma abordagem translacional. 3. ed. rev. e atual. Porto Alegre: Artmed, 2011.

KESSLER, Ronald C.; ADLER, Lenard A.; GRUBER, Michael J.; SARAWATE, Chaitanya A.; SPENCER, Thomas; VAN BRUNT, David L. Validade do Screener de autorrelato para ADHD adulto da Organização Mundial da Saúde (ASRS) em uma amostra representativa de membros de um plano de saúde. **International Journal of Methods in Psychiatric Research**, v. 16, n. 2, p. 52-65, 2007. DOI: 10.1002/mpr.208. Disponível em: www.interscience.wiley.com. Acesso em: 18 maio 2024.

KESSLER, Ronald C.; ADLER, Lenard; AMES, Minnie; et al. The World Health Organization adult ADHD self-report scale (ASRS): a short screening scale for use in the general population. **Psychological Medicine**, v. 35, n. 2, p. 245-256, 2005.

OAKES, J. Michael; KAUFMAN, Jay S. **Methods in Social Epidemiology.** 2. ed. San Francisco: Jossey-Bass, 2017.

QUEVEDO, João; ROHDE, Luis Augusto; BAU, Claiton Henrique Dotto; et al. **Neurobiologia dos transtornos psiquiátricos.** Porto Alegre: Artmed, 2019.

STEINBERG, Laurence. **Adolescence.** 13. ed. New York: McGraw Hill LLC, 2022.

WORLD HEALTH ORGANIZATION. World Health Organization Guidelines on **Mental Health**. Geneva: WHO, 2021. Disponível em: https://www.who.int/publications/i/item/9789240031029.

A PSICOMOTRICIDADE NO TEA E NO TDAH

Norival Pinto (*)

INTRODUÇÃO

Psicomotricidade é a ciência que tem como objeto de estudo o homem por meio do seu corpo em movimento e em relação ao seu mundo interno e externo. Está relacionada ao processo de maturação, no qual o corpo é a origem das aquisições cognitivas, afetivas e orgânicas. É sustentada por três conhecimentos básicos: o movimento, o intelecto e o afeto.

Psicomotricidade, portanto, é um termo empregado para uma concepção de movimento organizado e integrado, em função das experiências vividas pelo sujeito cuja ação é resultante de sua individualidade, sua linguagem e sua socialização." (Associação Brasileira de Psicomotricidade)

Quando se fala em psicomotricidade, lembra-se que ela já está inserida em algumas práticas da educação física convencional dentro das instituições na qual a prática acontece. A criança quando for acolhida em escolas, em creches

---

(*) Graduado em Educação Física (Universidade Mogi das Cruzes) atuando em escolas particulares há 37 anos, Pós-graduado em Fisiologia do Exercício (Universidade Veiga de Almeida), Pós-graduado em Recreação (Centro Universitário Santo André), Pós-graduando em Psicopedagogia (Instituto Pedagógico de Minas Gerais), Pós-graduando em Psicomotricidade (Instituto Pedagógico de Minas Gerais). Pesquisador, palestrante e autor.

ou em outras instituições em sua mais tenra idade, traz com ela uma bagagem e um histórico motor no qual já se pode analisar e avaliar os padrões gerais de movimentos.

O aspecto motor no ser humano é elaborado e iniciado desde o ventre materno, levando comumente a uma séria atenção, gerando alívio ou uma preocupação, já que a falta de movimento ou de agitação do feto sempre acenderá uma luz de alerta por parte dos pais, da família e dos médicos.

"O bebê não mexeu hoje", "nossa ele está chutando muito", "ele não para de se mexer" esses sinais levam à questões que serão respondidas por meio de observação, de exames e de acompanhamentos. Mas todo esse processo, pode sofrer intervenções no ventre materno estimulando o desenvolvimento motor pré-natal.

Entre as várias atividades propostas no pré-natal, é o estímulo sonoro acompanhado de leves movimentos da cintura pélvica e das pernas da mãe, para que o bebê ouça e sinta o movimento da barriga estimulando sua capacidade sensorial e motora. O toque das mãos da mãe também estimula a parte sensorial e motora do bebê.

O tato, como um dos primeiros sentidos a ser desenvolvidos pelos bebês na barriga da mãe, também é uma ótima atividade que pode ser aplicada com o pai e com a mãe, com movimentos leves e circulares estimulando um aumento da circulação sanguínea no local, favorecendo os movimentos do bebê, além da importância da afetividade do pai ao tocar a barriga da mãe que, na gravidez, por muitas vezes, psicologicamente, sente a necessidade de carinho, de afeto e de atenção.

Este carinho e afeto recebido pela mãe, favorece o desenvolvimento global da criança que sente o ambiente calmo e sereno em que se encontra. Os estímulos ainda na barriga da mãe, favorecem, em muito, o desenvolvimento motor, aguça os sentidos, movimenta a musculatura, promovendo, assim, o desenvolvimento motor.

Após o nascimento, as atenções ficam voltadas para os aprimoramentos dos conceitos: motor, cognitivo, sócio emocional e comportamental. Todos esses sinais nos alertam para o crescimento e o desenvolvimento do bebê.

Essas avaliações e observações sempre devem estar presentes, principalmente após o nascimento, com as observações e as avaliações serão apresentados os aspectos motores como: agilidade, habilidade, viso-motor, pegar e empurrar. É importante relatar que na 1ª infância deve-se estar atento a todos esses aspectos.

As modificações e o desenvolvimento devem ocorrer em todas as áreas apresentando normalidade e regularidade, constatados pelos acompanhamentos dos pais, dos familiares e dos professores.

Todas as observações feitas pelos familiares próximos e pelos profissionais que atuam no cuidado e no bem-estar da criança que demonstra algum desvio, devem ser apresentadas aos responsáveis como: mobilidade, sociabilidade, comunicação, atenção e concentração.

Este tipo de atitude, leva os pais a procurarem uma rede de apoio como: pediatra, psicopedagogo, neuropsicopedagogo, fonoaudiólogo e psicomotricista que possam investigar e intervir, caso seja necessário, para sanar ou amenizar as situações estabelecidas para o bem-estar da criança.

A psicomotricidade exerce um papel importantíssimo no desenvolvimento global da criança, atuando em seu cognitivo, seu afetivo motor e seu psicológico. Sabe-se que a educação básica vem se apoiando muito em metodologias que recorrem ao desenvolvimento intelectual e cognitivo, mantendo uma tendência pelo uso excessivo de telas como: celulares, tablets games entre outros, facilitando e promovendo uma relativa imobilidade e atraso motor, além de ser um dos fatores que levam a evasão escolar pela falta de atratividade da escola.

Esta situação de sedentarismo, leva a um atraso motor, prejudicando o desenvolvimento da criança de forma global. O desenvolvimento psicomotor é importante para fazer com que a criança melhore seu desempenho escolar e crie confiança em si, aprimorando a sua autoestima. Para Le Boulch (1987), a educação psicomotora infantil possui um papel relevante na prevenção das dificuldades escolares, promovendo o desenvolvimento global do indivíduo.

Na educação infantil, toda a atividade motora contribui, em muito, para o domínio corporal, o equilíbrio e a noção espacial colaborando para a qualidade do movimento e promovendo o aumento das qualidades cognitivas essenciais para todo ser humano.

Todos esses estímulos, favorecem as condições necessárias para o engajamento e para a participação nas relações sociais quando criança, como: jogos, atividades e brincadeiras. A criança que joga e brinca, se vê envolvida no processo social de aceitação e de afetividade.

É imprescindível lembrar que os jogos e as atividades não precisam ser, necessariamente, coletivos e/ou competitivos. Eles podem ser sensoriais como: texturas, cores, luzes, sons, individuais, cooperativos e que envolvem uma certa rotina.

A AFETIVIDADE NO DESENVOLVIMENTO PSICOMOTOR

Hoje em dia, tem-se um número elevado de diagnósticos de Transtorno do Espectro Autista (TEA) e do Transtorno do

Déficit de Atenção e Hiperatividade (TDAH), especialistas citam como fator provável diagnósticos mais precisos, elaborados por equipes multidisciplinares que, ao aplicarem testes, fazerem observações e registrar acompanhamentos, conseguem fechar, com uma boa margem de acerto, o diagnóstico, possibilitando a acessibilidade e o entendimento aos responsáveis pela criança.

O diagnóstico precoce de TEA e de TDAH e o início imediato do tratamento, de intervenções e do acompanhamento, favorecem a evolução da criança de forma positiva promovendo o engajamento: social, cognitivo, psicomotor, comunicativo, comportamental e afetivo.

Dentro dos processos que devem ser acompanhados e atendidos no tratamento e intervenções em crianças, tem-se o lado afetivo como fator crucial para que qualquer relação de: tato, visual, motora ou sonora que possa acontecer de forma produtiva e evolutiva, processo esse que está diretamente ligado à confiança.

Na psicomotricidade, a confiança é adquirida pelo afeto, pelo cuidado e pela segurança, devido à muitas atividades gerarem medo, negativa por conta da insegurança e do desconhecido. A afetividade não pode ser diretamente relacionada ao carinho e a fala mansa e sim ao olhar direto e atencioso, ouvir também, atenciosamente, as indagações e estar atento a todos os gestos e posicionamentos corporais que em indivíduos não verbais se faz necessário.

E, finalmente, o mais importante o respeito a todas as situações adversas como estresse, que *possam ocorrer com muita serenidade. O estresse pode fazer parte do quadro de qualquer criança em atendimento, mas nunca do profissional que se propôs a atendê-la.

Um grande número de cursos, principalmente na modalidade EAD, vem formando profissionais que buscam atuar na área de tratamento em crianças, em jovens e em adultos com necessidades especiais, principalmente, motoras, cognitivas e sociais. Isso requer uma atenção muito especial e séria devido ao se tratar de pessoas que precisam ser assistidas com objetividade e eficácia baseadas em pesquisas e em estudos comprovados pelas associações de cada especialidade, para que, com atenção, com dedicação, com carinho e com afeto se possa obter bons resultados no desenvolvimento global do indivíduo em questão.

O afeto e o lúdico podem se apresentar como uma boa proposta no tratamento e nas intervenções em pessoas que apresentem um quadro de TDAH, por muitas vezes, o déficit de atenção e a hiperatividade são minimizados pela concentração em uma atividade mais prazerosa e divertida, com movimentos corporais ritmados e nem sempre padronizados, podendo ser utilizados sons e músicas.

No acompanhamento em psicomotricidade, o profissional precisa tomar ciência de que o objetivo deve estar diretamente ligado aos resultados positivos obtidos das intervenções e dos testes oficiais e legalizados aplicados no paciente/estudante.

Deve-se sempre lembrar que o afeto necessita estar presente em todas as situações desde o primeiro contato e até mesmo em um possível desligamento por qualquer causa.

Quando se utiliza o afeto como um dos princípios básicos dos relacionamentos, significa que os profissionais se colocam como agentes transformadores e incentivadores de mudanças comportamentais, que podem introduzir o outro com autonomia e com regularidade na sociedade e até mesmo elevando a sua autoestima.

Com a psicomotricidade, tem-se a comprovação da mudança autônoma e da autoestima elevada por atingir as fases de evolução que, por muitas vezes, não foi tratada na fase correta e hoje pode ser alcançada por meio de intervenções motoras.

Ao contrário do que se pensa, o profissional tenta atingir sucesso nas propostas com o afeto, a atenção e as intervenções objetivas, mas, principalmente, busca resultados por meio da rigidez, da inflexibilidade, da seriedade em excesso e da falta de empatia no relacionamento. Com certeza, este comportamento é acompanhado de intervenções empíricas com objetivos indeterminados, aplicados em indivíduos que buscam uma melhor qualidade de vida.

O afeto aplicado nos acompanhamentos em psicomotricidade, estimula e proporciona o aumento da autoestima e valoriza a evolução cognitiva e social. Quando se percebe estar em um ambiente acolhedor, tornando as conexões com pessoas e objetos favorecidos e com sentido, participando, com maior segurança emocional, em quase todos os aspectos da vida cotidiana, com mais assertividade e confiança.

A segurança e a confiança nas funções executivas em crianças com TEA e com TDAH, analisadas pela psicomotricidade apresentam resultados positivos e favoráveis, no qual o desenvolvimento do sistema nervoso central (SNC) possibilita um controle maior do seu corpo, entendendo, interpretando e interagindo por meio das informações recebidas e processadas com todo o meio que o envolve como: pessoas, objetos e espaços de uma forma satisfatória.

A afetividade aplicada em processos de acompanhamento não pode ser entendida como mera aceitação dos fatos, devendo ser aplicadas contestações, sem a conivência com erros e comportamentos indesejados ou inadequados e conformidades com a não evolução do quadro motor.

Deve-se ter consciência que o afeto também visa atingir, de forma clara e objetiva, os melhores resultados no desenvolvimento global do indivíduo como a comunicação, a relação com seu corpo e o ambiente que o cerca.

Relata-se, ainda, que um dos melhores resultados obtidos dentro da satisfação pessoal é a relação de controle do seu próprio corpo com suas demandas, proporcionando o bem-estar psicológico e social.

O DESAFIO COMO PROCESSO MOTIVADOR EM UMA ANÁLISE PSICOMOTORA

Os desafios naturais e propostos em nossa vida cotidiana, tem um fator importante na formação motora e psicológica, causando satisfação ou frustração dependendo da situação em que nos encontramos, e sempre vem a questão de enfrentar ou não os desafios ou dificuldades. A melhor resposta é sim, devemos enfrentar todos os nossos desafios, devido a eles nos darem a real situação em que nos encontramos, avaliando a necessidade de alterações e de mudanças no processo em questão.

Quando se propõe os desafios motores e cognitivos, principalmente, em crianças com TEA e com TDAH, deve-se logo de início, tanto em escolas como em clínicas ter um amplo conhecimento do histórico de vida da criança, das questões familiares e sociais, quais suas afinidades, seu comportamento frente às adversidades, as questões motoras, as limitações físicas e cognitivas. Se há a percepção de um hiperfoco, que é a atenção e a concentração em atividades exclusivas durante algum período de tempo.

Deve-se observar se há alguma restrição quanto a espaços, a objetos, a texturas, à pessoas, à personagens e à alguns alimentos. Todas essas situações podem e devem ser entendidas por meio da anamnese feita com os responsáveis e as observações citadas em relatório de avaliação diagnóstica.

Quando se fala de crianças portadoras de TEA e de TDAH, as atenções no processo sensorial e sensório motor táteis e visuais, merecem uma atenção e cuidados especiais, devido que em algumas situações se apresentam de formas diferentes em alguns casos, quando comparados com pessoas neurotípicas. No aspecto psicomotor, podem apresentar movimentos repetitivos (estereotipias), que trazem segurança e controle combatendo a ansiedade, ao contrário do que muitos pensam, o aparente descontrole motor apresentado em muitos movimentos não comuns, são respostas repetitivas que visam a auto estimulação para buscar sensações físicas prazerosas e uma regulação sensorial do próprio organismo.

As estereotipias não devem ser estimuladas e sim trabalhadas de forma que o foco seja desviado ou utilizá-los em atividades e em brincadeiras no uso com materiais no qual serão desenvolvidas habilidades funcionais, de interação e de comunicação. Para a psicomotricidade, todo e qualquer movimento sendo ele repetitivo ou não, é um estímulo para execuções funcionais progressivas no desenvolvimento motor e outras habilidades.

O desafiador no processo psicomotor deve ser consciente de que suas propostas sejam alcançáveis, de modo que o indivíduo desenvolva um grau de confiança tanto na atividade quanto em quem aplica, para aumentar sua autoconfiança na sequência do trabalho em busca de resultados positivos, impulsionados por boa dose de incentivo e de cobrança, esses aplicados com todo o cuidado para que não haja espaço para a frustração e sim para a satisfação.

No TDAH, pode-se observar, em alguns casos, as coordenações, viso-motoras, espaço- temporal, esquema corporal e equilíbrios estáticos e dinâmicos afetados. Nestes casos, tem-se como principal desafio as experimentações motoras, sensoriais, emotivas e de atenção.

É possível verificar, em alguns casos, que entre os 6 e os 12 anos, sintomas como distúrbios do sono e de ansiedade, como também, a ociosidade e a procrastinação. O psicomotricista como incentivador, como motivador e como desafiador em hipótese alguma pode se colocar como um ser passivo e conformado com algumas posições. Tem-se métodos, materiais e ferramentas disponíveis, bem como, o maior fator incentivador que é a clareza dos nossos objetivos para com o indivíduo em tratamento.

Algumas atividades para desacelerar, aumentar a atenção e a concentração, podem ser incluídas com a afetividade já apresentada e o desafiar de forma propositora, como métodos de proporcionar um ambiente favorável para um desenvolvimento global e inclusivo tanto no TEA como TDAH.

As atividades psicomotoras, geralmente, devem chamar a atenção por serem aplicadas em ambientes preparados para dinâmicas motoras lúdicas e desafiadoras propostas, intencionalmente, com objetivos definidos.

O desafio proposto em atividades não deve apenas visar a capacidade do indivíduo em conseguir ou não, o que mais importa é o processo desenvolvido, proporcionando a visualização, o entendimento e a atenção na atividade aplicada.

A concentração nas atividades psicomotoras pode, em alguns casos, ser prejudicada pelo grau de dificuldade, cabendo, assim, propostas motoras que iniciam com graus de dificuldade simples acompanhando o processo de entendimento e de conclusão, para que o indivíduo seja convidado a uma proposta de desafio em um ambiente favorável e que lhe traga confiança e satisfação.

A princípio deve-se trabalhar a aceitação do indivíduo em realizar a atividade, e não se impor a aplicação com risco de rejeição, e sim obter-se os resultados desejados para alcançar os objetivos.

Lembre-se sempre que as crianças e os indivíduos com síndromes e transtornos se apresentam em todos os grupos sociais, ou seja, na família também. Os considerados neurotípicos devem trabalhar a atenção, a dedicação, o entendimento, a inclusão e a aceitação, para que se tenha uma sociedade mais assertiva no acolhimento e na participação de todos.

PROPOSTAS DE ATIVIDADES PSICOMOTORAS E INCLUSIVAS

Lembrando todos os conteúdos citados anteriormente, como o profissional colocando a afetividade e o desafiar entre os fatores primordiais, verá muitos processos passarem por atividades pensadas com carinho, com atenção e com objetividade, ou seja, planejamento, levando o indivíduo a adquirir o controle de seu próprio corpo em relação ao outro e ao ambiente que o cerca.

Deve-se destacar que toda atividade deve passar por um período de exploração aleatória e de experimentação livre, com segurança, acompanhada e observada detalhadamente, para que haja a ambientação e o conhecimento do espaço de trabalho, garantindo a confiança da criança nas atividades seguintes e pré-definidas e, possivelmente, com propostas desafiadoras e motivadoras em busca do desenvolvimento global desejado.

Coordenação motora – É a capacidade de usar, de forma mais eficiente, os músculos esqueléticos (grandes músculos), resultando em uma ação global mais eficiente, prática e econômica. Este tipo de coordenação permite à criança ou ao adulto dominar o corpo no espaço, controlando os movimentos mais rudes. Pode-se perceber uma boa coordenação motora verificando a agilidade, a velocidade e a energia que se demonstra.

Coordenação motora geral – Engloba os movimentos como andar, correr, saltar e transpor.

Coordenação motora fina – Pegar, lançar pinçar, pintar, colar, colocar, encaixar, entre outras que possam ser trabalhadas com várias partes do corpo (membros inferiores, superiores e tronco).

Coordenação motora grossa – envolve os movimentos de dançar ou movimentar o corpo em vários ritmos, faz de conta com falar ou interpretar fatos com movimentos ou gestos, movimentar ou transportar objetos como bolas, arcos, cordas, cones.

Para a coordenação motora fina – movimentar os dedos das mãos ou dos pés (música meus dedinhos), apontar ou tocar objetos ou figuras, manipulação de objetos com texturas diferentes, pinturas com dedos, mãos e pés utilizando esponjas, algodão, tecidos e pincéis, pinçar com dedos ou pinças de vários tamanhos, manter a pressão segurando objetos com dedos, mãos e pés, pode-se também utilizar blocos de construção ou objetos que possam ser empilhados e mantenham o equilíbrio, como rolos de papel higiênico ou papel toalha, livros pedras, almofadas.

Estão disponíveis no mercado diversos materiais que auxiliam o trabalho psicomotor e o desenvolvimento global da criança, tanto na coordenação motora fina como na coordenação motora grossa. Esses também com caráter lúdico, coloridos, que facilitam muito, no que diz respeito a atrair a atenção da criança.

Com o envolvimento e o desenvolvimento do trabalho pode-se utilizar objetos menores, como tampinhas, carrinhos e outros objetos que sejam de fácil manuseio pelas crianças. A contação de histórias poderá também ser incluída no processo psicomotor como meio de obter a atenção e a concentração, porque nem todas as atividades propostas despertam o interesse e a atenção necessária para que o objetivo seja alcançado.

A utilização da contação de histórias com pequenos e diversos materiais, despertam a ludicidade e criam um enorme leque de possibilidades, principalmente, quando a criança tem a condição de intervir, alterando, criando ou concluindo pelo seu próprio interesse e manuseando os materiais.

Lembre-se que todo o trabalho de experimentação e de exploração de materiais, ambientes, seu próprio corpo e as relações com outras pessoas é um ótimo laboratório para se iniciar qualquer trabalho psicomotor com crianças e indivíduos com TEA e com TDAH, na qual, em algumas situações, o que é relatado em anamnese não foi observado, corretamente, dando margens a interpretações que levarão ao início do trabalho em um ponto o qual não corresponde à realidade motora da criança.

O autor espera que este "breve bate papo", traga um pouco de conhecimento e entendimento de como se relacionar e intervir tanto no âmbito familiar quanto no profissional, promovendo o aumento do relacionamento e do convívio social das pessoas com TEA e com TDAH em busca do seu desenvolvimento global.

ATIVIDADES PSICOMOTORAS PARA TDAH

- **Corrida do saco** – Atividade que requer cuidado e proteção contra quedas, pois o equilíbrio é um aspecto motor que será trabalhado podendo utilizar sacos de tecido ou cordas elásticas favorecendo o trabalho motor de deslocamento com os pés juntos.
- **Amarelinha** -Pintar ou desenhar com giz a amarelinha no solo proporcionando o trabalho de equilíbrio monopedal. Pode ser também utilizado o caracol com números ou letras do alfabeto de forma sequencial.
- **Passa anel** – A tradicional brincadeira pode ser desenvolvida com pedras e objetos menores, proporcionando a atenção, contato visual, o tato, e desenvolvimento social, não esquecendo do papel de adivinhação.
- **Engatinhar por túnel ou obstáculos** – A atividade pode ser desenvolvida com a utilização de arcos (bambolês), túnel de tecido ou entre objetos como cones, bolas, bolsas, calçados. Esta atividade desenvolve a quadrupedia, fortalecimento muscular de membros superiores e inferiores e o deslocamento em planos diferenciados.
- **Pular corda** – Pode-se utilizar a corda tradicional, mangueiras, ou tecido trançados. Estimula a coordenação motora, a noção espaço temporal, ritmo, atenção e fortalecimento dos membros inferiores.
- **Identificar aromas** – Os alimentos são uma excelente forma de variar os aromas, assim como as plantas, essa segunda apresenta um grau de dificuldade pela falta de convívio e afinidade com elas. A atividade trabalha o olfato, memória afetiva por ter gostado ao experimentar, a hipersensibilidade por alguns aromas.

- **Saltar de diversas formas** – Podem ser trabalhados livremente ou então utilizando marcações no solo, fitas de tecido e cordas, podendo ser com um ou dois pés, saltos laterais, para frente ou para trás, cruzando as pernas. Este trabalho favorece o fortalecimento muscular dos membros inferiores, equilíbrio, desenvolvimento viso motor e espaço temporal.

- **Jogo de estátua** – Trabalho que deve ser desenvolvido em um espaço onde o deslocamento e o movimento seja possível, com utilização de música para que no momento de parada o indivíduo fique imóvel imitando uma estátua e se movimentando após o reinício da música ou sinal de quem comanda a atividade. Favorece a atenção, concentração, o sentido de audição, resposta motora ao som e equilíbrio estático.

- **Vivo ou Morto** – Atividade que necessita de espaço para movimentação, onde a palavra "vivo" significa ficar em pé e a palavra "morto" ficar agachado. Estimula a percepção auditiva, atenção visual e motora e concentração.

- **Cantigas** – Uma das atividades que mais chamam a atenção das crianças, quando aplicadas em ambientes e volumes adequados às sensibilidades de cada um, cantigas e canções que envolvem movimento corporal se tornam por muitas vezes um desafio aceitável por apresentar características prazerosas quando de sua execução. Desenvolvem a atenção, percepção auditiva, ritmo, coordenação motora e socialização quando praticadas em grupo.

- **Jogos de memórias** – Em algumas situações o jogo de memória não é muito atraente, pois requer um nível de concentração e atenção, funções por vezes prejudicadas em portadores de TDAH. Esta atividade pode ser desenvolvida com figuras em formatos de cartas dispostas, aleatoriamente, em pares, que devem ser virados igualando as figuras. Favorece a memória visual, atenção e concentração.

- **Adivinhação** – As atividades de adivinhação podem ser verbais, mímicas, objetos cobertos por um tecido ou imagens em telas. Esta atividade favorece a memória visual, atenção, concentração, e desenvolvimento sensorial tátil.
- **Quebra cabeças –** Atividade que deve ser aplicada com cuidado e atenção do aplicador pode desenvolver irritabilidade, ansiedade e estresse, caso apresente um grau de dificuldade elevado, é aconselhável utilizar poucas peças e resolução fácil e rápida para obtermos resultados de atenção e concentração desejáveis.
- **Esportes coletivos –** Os esportes coletivos são as atividades que mais favorecem as pessoas portadoras de TDAH, pois por meio deles dentro de suas capacidades, os indivíduos conseguem obter um grau de satisfação e prazer e que desestressa, quando praticado em ambiente saudável, controlado e amigável. Favorecendo a concentração e atenção, quando respeitadas as regras e condições das atividades, bem como a socialização e desenvolvimento da coordenação global.

Os jogos psicomotores para TDAH promovem e estimulam a percepção de pertencimento e participante ativo nos processos de aprendizagem, e reconhecimento do seu desenvolvimento motor aumentando sua autoestima.

ATIVIDADES PSICOMOTORAS PARA TEA

Deve-se lembrar sempre que os indivíduos portadores de transtornos como TEA e como TDAH são únicos e, cada um apresenta características diferentes que devem ser observadas, avaliadas e entendidas, para que o processo siga por um rumo que atinja os objetivos esperados para o seu desenvolvimento.

- **Pegadas no solo** – A atividade consiste em desenhar no solo ou colocar pegadas recortadas em papel ou tecido, seguindo caminhos em linha reta, ziguezague ou circulares e pedir para que a criança descalça percorra o caminho de frente e de costas. Atividade que ajuda no equilíbrio dinâmico, atenção, concentração, deslocamento e mobilidade.
- **Mini bandinha** – Atividade que pode ser executada com potes de plástico, tampas de panelas e pequenos bastões de cabo de vassoura. Permitir a criança que explore os materiais de forma que se familiarize com eles e com o auxílio de cantigas, ou mídias musicais, pedir para a criança acompanhar batendo com as mãos ou bastões nos objetos que emitem som, seguindo o ritmo.
- **Colagem** – Atividades que podem ser executadas com a utilização de papéis, figuras recortadas, figuras tracejadas, retalhos de papel, sementes variadas, cola branca e pincéis. Consiste em proporcionar para a criança a possibilidade de completar figuras pré-estabelecidas, colando com as mãos ou pincéis o material selecionado no papel. Esta atividade necessita de uma atenção especial para a hipersensibilidade de algumas crianças a materiais que grudem como as colas. Nesta ocasião trabalharemos a coordenação motora fina a atenção, e o resultado poderá ser exposto e elogiado para elevar a autoestima da criança.
- **Completar figuras** – Atividade com figuras incompletas, pintadas ou não que devem ser completadas com lápis, giz de cera ou tintas. Por muitas vezes, esta atividade surpreende pelo fato de que a criança poderá trabalhar a sua imaginação e criação e cognição. Desenvolve a coordenação motora fina, as habilidades de pinça e pegadas e a atenção.
- **Pinçar** – Atividade com pinças, pequenas médias e grandes, com os dedos e mãos, pinçando, grãos de sementes, bolas de espumas e objetos pequenos que

podem ser transportados de um recipiente para outro ou colocados em locais determinados. Trabalho que explora a atenção, coordenação motora fina, concentração e noção de espaço.

- **Andar, Correr** – Atividade que requer atenção de quem aplica, pois, os espaços devem ser preparados com um bom nível de segurança, as crianças de um modo geral adoram correr e por muitas vezes perdem a noção de espaço e velocidade. Geralmente o andar descalço favorece o fortalecimento dos pés, arco plantar, o fortalecimento de tornozelo e joelhos, quadris e coluna. Começar a andar livremente ou sobre as linhas, contornando obstáculos, de frente, de costas e lateralmente. A caminhada requer movimentos mais rápidos utilizando o mesmo percurso. A corrida, porém, deverá ocorrer sem obstáculos e alternando ritmo evitando a estafa. Estas atividades desenvolvem a coordenação motora geral, noções de espaço, atenção, força muscular, concentração, melhora do aspecto fisiológico como capacidade cardiorrespiratória, além de uma amplitude maior do movimento, ativa a circulação sanguínea e colabora para uma boa postura.

É inegável que o exercício físico é muito necessário para o desenvolvimento mental, corporal e emocional do ser humano e em especial da criança. O exercício físico estimula a respiração, a circulação, o aparelho digestivo, além de fortalecer os ossos, músculos e aumenta a capacidade física geral, dando ao corpo um pleno desenvolvimento (Rochael, 2009)

- **Saltar** – A atividade do saltar pode ser trabalhada livremente ou com auxílio de música, não há necessidade de obstáculos altos, podemos utilizar linhas ou faixas existentes no solo ou cordas e variando entre um pé, monopedal, dois pés juntos ou alternadamente, para frente, para trás, lateralmente e ritmado. Devemos tomar muito cuidado com as condições físicas, para que a atividade proposta não venha a prejudicar a saúde e o físico da criança. O saltar desenvolve habilidades de locomoção, deslocamento, equilíbrio dinâmico, fortalecimento muscular dos membros inferiores, noção de espaço e tempo, coordenação motora global e capacidade cardiorrespiratória.

- **Pegar** – Pode ser associado com apanhar algum objeto ou receber de alguém. Esse processo apresenta algumas curiosidades, pois o portador de TEA pode ter hipersensibilidade a alguns materiais por isso eles devem ser selecionados. Devemos trabalhar a pegada com objetos estáticos e em movimento como bolas, rolinhos, cordas movimentadas no solo, jogo das três Marias, folha de papel caindo entre outros. O trabalho é desenvolvido com uma ou duas mãos e também com os membros inferiores, sempre partindo do grau mínimo de dificuldade. O processo ajuda na acuidade visual, organização espacial e temporal, coordenação motora, lateralidade.

- **Encaixar** – As atividades de encaixe podem ser trabalhadas como organização espacial utilizando objetos, caixa de encaixes geométricos, alfabeto ou numeração móvel, organização de livros de diversos tamanhos e caixas de brinquedos. Esta atividade proporciona o aumento da concentração, atenção, noções de espaço, associação, e desenvolvimento cognitivo.

- **Deslocamento** – As atividades de deslocamentos e movimentos são importantes para os portadores de TEA e em alguns casos TDAH, pois o equilíbrio estático e dinâmico por muitas vezes são prejudicados dificultando o processo de autonomia, autoestima e desenvolvimento neuromotor motor. As atividades de deslocamentos devem contemplar todos os planos e direções, podem ser trabalhadas com variações de velocidade de acordo com as possibilidades apresentadas, com ou sem obstáculos, agachados, na ponta dos pés, com o calcanhar, parte interna e externa dos pés, de joelhos, deslocamento monopedal, com dois pés, andando para frente para trás e lateralmente utilizando-se de obstáculos como linhas, cordas, faixas no solo, bolas, cones e arcos e escada de coordenação. O deslocamento auxilia no fortalecimento muscular, esquema corporal, organização espaço e tempo, coordenação motora global e coordenação motora grossa.

- **Dado de Figuras** – O dado de figuras pode ser confeccionado com papelão ou espuma onde em cada lado pode ser desenhado figuras geométricas, linhas retas, ziguezague ou curvas, letras do alfabeto, números ou até mesmo silhuetas de objetos e pessoas. Algumas folhas e um lápis ou giz de cera é dado para cada criança e ao jogar o dado no chão a figura que estiver no lado de cima deverá ser representado pela criança na folha. Atividade que desenvolve a coordenação motora fina, atenção e concentração, memória operacional ou de tratar o cognitivo e a organização espacial.

CONSIDERAÇÕES FINAIS

Espero que este "bate papo" traga um pouco de conhecimento e como se relacionar e intervir tanto no espaço familiar como nos espaços de tratamento e de acompanhamento, promovendo o aumento do relacionamento, do convívio social, bem como o aprimoramento motor, cognitivo e afetivo das pessoas com TEA e com TDAH em busca do seu desenvolvimento global.

REFERÊNCIAS

ROCHAEL, L. **A Importância da Psicomotricidade no Processo da Aprendizagem.** Psicologia e Educação, [S.l], maio de

2009. Disponível em: http://psicologiaeeducacao.wordpress.com/2009/05/11/a-importanciada-psicomo tricidade-no--processo-aprendizagem. Acesso em: 03 abr. 2024.

LE BOULCH, J. **O desenvolvimento Psicomotor:** do nascimento até os 6 anos. A Psicocinética na idade pré-escolar. Tradução: Ana Guardiola Brizolara. Porto Alegre: Artmed, 1982.

ALVES, F. **Psicomotricidade**: corpo, ação e emoção. 4. ed. Rio de Janeiro: Wak, 2008. UniversoAutista.com.br/portal7/atividades-TEA-psicomotor.

ASSOCIAÇÃO BRASILEIRA DE PSICOMOTRICIDADE – **O que é psicomotricidade.** psicomotricidade.com.br/sobre-que-e-psicomotricidade.

AGUILAR, Renata. **Alfabetização e Psicomotricidade – 2019 –** Influências motoras no ato de ler e escrever sob a ótica da neurociência.

GALLAHUE, David. **Compreendendo o desenvolvimento motor – bebês, crianças, adolescentes e adultos**. 2005.

COORDENAÇÃO MOTORA. In: WIKIPÉDIA, **a enciclopédia livre**. Flórida: Wikimedia Foundation, 2022. Disponível em: https://pt.wikipedia.org/w/index.php?title=Coordena%C3%A7%C3%A3o_motora & oldid=64702498. Acesso em: 4 maio 2024.

DA EXCLUSÃO A INCLUSÃO: UM CAMINHO COM MUITOS DESAFIOS E ALGUMAS OPORTUNIDADES

Rosana Auricchio (*)

INTRODUÇÃO

De acordo com Saviani (1992), no Brasil, a situação da educação ainda apresenta o reflexo da carência das políticas públicas, ou seja, as classes mais "baixas" eram inexistentes, devido às minorias serem utilizadas como mão de obra em zonas rurais ou em fábricas.

Desta forma, pessoas com deficiências que não tivessem dificuldade de locomoção aprendiam o trabalho desde muito cedo, eram condicionadas e suas necessidades educacionais especiais passavam desapercebidas.

Pode-se dizer que as condutas excludentes são reflexos de uma formação carente de humanidade de nossa sociedade e das políticas públicas. As pessoas com deficiência passam por tabus relacionados à sua aparência ou à sua conduta comportamental ou ainda à sua maneira de pensar ou de se comunicar.

(*) Doutoranda do Programa de Língua Portuguesa (PUC-SP), Mestre em Educação (UNICID), Especialista em Psicopedagogia (UNINTER), Graduada em Pedagogia (PUC-SP), Professora, coordenadora e gestora acadêmica com experiência de quarenta e três anos da Educação Infantil ao Ensino Superior, pesquisadora, autora e consultora educacional na Clínica Primeira Consulta.

O objetivo deste capítulo é trazer à tona o processo de inclusão em detrimento ao processo de exclusão; explicar as diferentes nomenclaturas utilizadas para denominar as pessoas com deficiência; compartilhar um pouco sobre o autismo e os métodos de tratamento mais utilizados.

A metodologia adotada é a bibliográfica. A teoria pretende dar suporte para futuras ações práticas mais coerentes e significativas. Autores renomados serão usadas para dar o aporte teórico José Geraldo Silveira Bueno, Demerval Saviani, Fernando Gustavo Stelzer.

Este capítulo foi pensado devido à necessidade de algumas pessoas que querem trabalhar com a inclusão, mas não possuem a base essencial para compreender algumas especificidades do autismo e, porque não dizer, sobre a inclusão ou a educação especial.

Fonte: https://prefeitura.colombo.pr.gov.br/educacao-entrega-material-didatico-inclusivo-para-as-classes-especiais/

As classes especiais eram turmas de crianças com necessidades especiais que ficavam em escolas públicas e possibilitavam a convivência em elas e entre as crianças do ensino regular nos momentos de entrada e saída.

Bueno (1993) assevera que essa modalidade educacional ofertava espaço para que as turmas ocupassem o mesmo território, mas sem que houvesse a integração efetiva entre os estudantes, a convivência das pessoas com e as sem deficiência não tinham um convívio efetivo. A educação especial, desta forma, pretendia proteger as pessoas com deficiência, mas desenvolvia a exclusão.

O necessário para a educação de uma pessoa com deficiência é que ela deve ser agente condutor de sua autonomia e não um recebedor passivo, ou seja, deve ser o condutor de seu processo de inclusão.

Assis e Pozzoli (2005) sustentam que a educação deve ser vista, preferencialmente, como um todo entre pessoa com deficiência e pessoa sem deficiência. Desde a educação infantil, deve ter uma integração verdadeira, estimulando a tolerância, as virtudes a empatia e o apoio favorecendo a coletividade e a equidade.

AS DIFERENTES NOMENCLATURAS UTILIZADAS NA HISTÓRIA

O processo no qual a sociedade se adapta para incluir em seus sistemas sociais as diferenças e as diversidades apresentadas é denominado de inclusão social. A inclusão social se configura a partir de uma cooperação entre pessoa com deficiência e sociedade, de acordo com Sassaki (1997) o objetivo é buscar soluções viáveis para problemas e estabelecer equidade de oportunidades e de relações.

As maneiras como as pessoas com deficiência são vistas e nomeadas reflete a sua integridade, o respeito, a atuação e a apropriação de uma efetiva inclusão social. As nomenclaturas utilizadas para nomear pessoas com deficiência acompanharam o desenvolvimento de sua trajetória ao longo da história.

- Décadas de 1950, 1960 e 1970 – utilizados termos como aleijados, retardados, mongoloides, excepcionais. Excepcional para se referir a deficiência intelectual.
- Deficiente-associado à incapacidade e ineficiência.
- Pessoa com necessidades especiais-compreende idosos, gestantes, obesos e outras pessoas que possam ter dificuldade para realizar alguma atividade.
- Entre 1986 e 1996-foi utilizada a expressão portador de deficiência. Inadequado, devido à deficiência não é algo que possa ser portado.
- Atualmente, o termo usado é pessoa com deficiência. A pessoa se posiciona antes da deficiência, ou seja, a pessoa é mais importante que a deficiência.

As pessoas e a sociedade devem propor mudanças para aceitar às diferenças e oportunizar a diversidade. A criação de oportunidades torna-se a base para estabelecer o equilíbrio social. É correto afirmar que existem pessoas com deficiência intelectual, pessoa com deficiência auditiva, pessoa com deficiência física e pessoa com deficiência visual.

UM POUCO SOBRE O AUTISMO

O autismo foi descrito como Síndrome Comportamental que se manifesta nos primeiros anos de vida pelo estudioso Leo Kanner em 1943. O indivíduo era considerado autista pelo grave comportamento para a vida cotidiana. Por meio do filme "meu filho, meu mundo", em 1979, o autismo ficou mundialmente conhecido. Esse filme foi reprisado diversas vezes na televisão mundial.

Stelzer (2010) assegura que, atualmente, o quadro clínico do autismo é bem definido e caracterizado como um conjunto de sintomas e de dificuldades, manifestando-se o comprometimento do relacionamento social, por comportamento repetitivo, por dificuldades de linguagem, além da persistência em determinadas rotinas não funcionais.

Wing e Gould (1979) classificam os sintomas em três grupos, o chamado como tripé do espectro autístico.

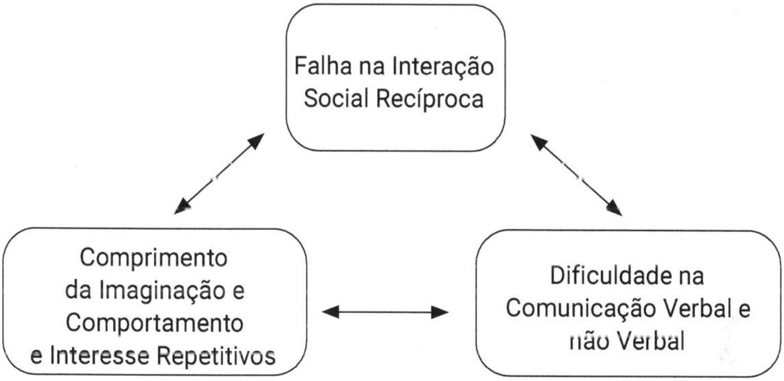

Fonte: Só Educador, 2024.

Antigamente, o autismo estava ligado a fatores psicológicos e que os pais eram os responsáveis pelo quadro clínico. Afirmava-se que o autismo era causado devido o comportamento frio e obsessivo dos pais em relação aos filhos. Hoje, entende-se o autismo como uma desordem neurológica.

O autismo é considerado um distúrbio de desenvolvimento, causado por condições genéticas e ambientais. Em uma sala, com diversas pessoas autistas, você perceberá a variedade de características que eles apresentam em diversos graus.

Wing e Gould (1979) explicam que o comprometimento é de diferente intensidade de pessoa para pessoa, isso significa que um indivíduo pode ter mais comprometimento que outro de sociabilidade do que de comunicação.

O indivíduo com Transtorno do Espectro Autista (TEA) apresenta dificuldade de interação social. Para ele, o olhar dos outros, os sons, os movimentos e o falatório, às vezes, o deixam inseguros e desorientados.

O autista leva tudo "ao pé da letra", os gestos, os movimentos e, até, as intenções nas expressões faciais das outras pessoas. O autista não gosta do toque físico ou do contato visual, isso lhe causa um grande desconforto.

MÉTODOS DE TRATAMENTO

As famílias quando recebem a notícia de que tem uma criança autista entram, geralmente, em desespero. O autista exige cuidados e a família precisa de orientação e de acompanhamento permanente. Em alguns casos, o transtorno impõe certas limitações e os pais chegam a tomar atitudes protetoras excluindo a criança da sociedade.

Ainda não existe cura para o autismo, mas existe tratamentos para essas alterações neurológicas. É necessário criar um sistema de comunicação em que participe uma equipe multidisciplinar, tais como: psicólogo, fonoaudiologista, fisioterapeuta, e terapeuta ocupacional.

A intervenção multidisciplinar pode oportunizar a melhora da qualidade de vida do autista, respeitando o nível de desenvolvimento e particularidades de cada criança. Este tratamento orienta a família e desenvolve a linguagem e a comunicação da criança autista.

Um dos tratamentos muito conhecidos, atualmente, é a Análise Aplicada do Comportamento (ABA). É um termo advindo do Behaviorismo, o qual observa, analisa e explica a associação entre o ambiente, o comportamento humano e a aprendizagem.

Deste modo, o comportamento é analisado e um plano de ação pode ser implementado para modificar aquele comportamento. Skinner (1938) descreve o Comportamento Operante, que é utilizado para mudar ou modificar comportamentos e ajudar na aprendizagem.

Comportamento Operante significa, de acordo com Skinner (1938), um comportamento seguido por um estímulo reforçador resulta em uma probabilidade aumentada de que aquele comportamento ocorra no futuro, ou seja, à medida que o tempo passa, acontecem coisas na vida que pode aumentar ou diminuir a possibilidade que você adote um determinado comportamento no futuro.

Aprendemos por meio de associações e nosso comportamento é modificado devido ao resultado das consequências se foram boas ou não.

O programa de ABA começa, geralmente, em casa quando acriança é muito pequena. O envolvimento da família no programa é de grande valia. A intervenção precoce é muito relevante, mas pode beneficiar crianças maiores e adultos.

A sessão de ABA é individual e a maioria das intervenções precoces seguem uma agenda entre 30 e 40 horas semanais. Este programa rejeita punições e concentra-se na premiação do comportamento desejado.

O Ensino por Tentativas Discretas (DTT) é uma das metodologias de ensino usadas pela ABA. O DTT não é sinônimo de ABA, é um método dentro do campo da ABA. A ABA inclui tipos diferentes de intervenções e estratégias.

Ivar Lovaas (1987) é um psicólogo e a primeira pessoa a aplicar os princípios da ABA e do DTT para ensinar crianças com autismo. A ABA continua a evoluir e diversas técnicas têm sido descobertas e incluídas ao Programa "Ajude-nos a aprender".

O Sistema de Comunicação por meio da troca de figuras (PECS) é uma forma de comunicação alternativa e aumentativa que treina a criança autista a trocar símbolos para se comunicar.

Figuras (PECS)

Fonte: https://pt.scribd.com/doc/311036802/Pec

O PECS pode trazer benefícios para o autista, como por exemplo: o aumento na comunicação espontânea; o aumento na comunicação visual, a diminuição de comportamentos inadequados e o aumento da interação social.

Tem-se que se perceber que a incapacidade de se comunicar com o mundo frustra a criança autista e gera explosões e comportamentos inadequados.

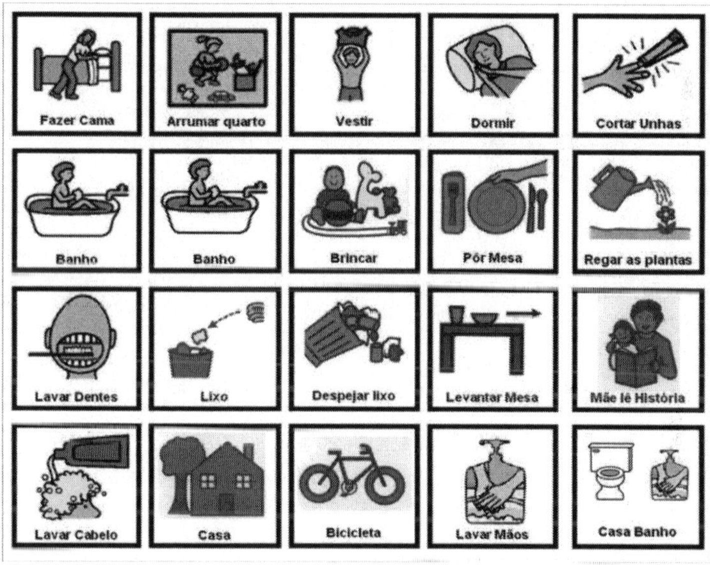

Fonte: https://www.canalautismo.com.br/numero/004/pecs/

Para que a comunicação seja efetiva na linguagem verbal precisa haver articulação, expressão vocal, sintaxe[1] e, acima de tudo, semântica[2]. Não se pode esquecer que

(1) Parte da gramática que estuda a disposição das palavras na frase e das frases no discurso, bem como a relação logica de frases entre si.

(2) Estudo das mudanças ou translações sofridas no tempo e no espaço pela significação das palavras.

a comunicação envolve: estabelecer atenção, colher e processar informações, armazenar e enviar informações.

Com o PECS a criança terá um pool ilimitado de comunicação. É um excelente meio de comunicação para pessoas com dificuldades motoras e que não conseguem, frequentemente, realizar sinais.

Para uma pessoa verbal o pensamento é o sinal e o discurso é um formulário, mas para atender uma pessoa não verbal e evitar um comportamento inadequado, a figura é o sinal mais importante.

Outro tipo de tratamento é o programa Treatment and Education of Autistic and Related Communications Handicapped Children (TEACCH) que foi concebido para trabalhar com crianças com Perturbações do Espectro do Autismo (PEA). A PEA conduz a uma incapacidade de resolver problemas, devido a isso é necessário promover regras educativas que oportunizem a aprendizagem.

O principal objetivo do TEACCH é auxiliar a criança com PEA a crescer e aperfeiçoar as suas competências adaptativas para atingirem a autonomia. A ênfase é nas pessoas com autismo e nas suas famílias, de forma a diminuir os comportamentos inadequados.

Os comportamentos inadequados mais comuns são: chutar, bater, gritar, fazer birras, morder etc.

Marques (2000) assegura que o programa TEACCH fundamenta-se em sete princípios:

- Uma melhoria da adaptação, por meio do desenvolvimento de competências e da adaptação do meio às limitações dos indivíduos;
- Uma avaliação e uma intervenção individualizadas, mediante a elaboração de um programa de intervenção personalizado;

- A estruturação do ensino, nomeadamente, das atividades, dos espaços e das tarefas;
- Uma aposta nas competências emergentes, identificadas na avaliação;
- A abordagem terapêutica de natureza cognitivo-comportamental e as estratégias de intervenção assentam na ideia de que um comportamento inadequado pode resultar de um déficit ou compromisso subjacente, ao nível da percepção ou compreensão;
- O apelo ao técnico "generalista", a fim de treinar os profissionais enquanto "generalistas", trabalhando melhor com a criança e a família;
- O apelo à colaboração parental, momento em que os pais trabalham com os profissionais, numa relação de estrela colaboração, mas permanecendo em casa.

É imprescindível a interação entre os pais, os terapeutas e os professores com o objetivo de determinar o quê; onde; quando; como; e em que ordem as aprendizagens devem ser realizadas.

O modelo TEACCH, veio para facilitar os processos de aprendizagem, de autonomia e diminuir a ocorrência de problemas de comportamento.

CONSIDERAÇÕES QUASE FINAIS...

Pode-se constatar que a luta pela inclusão, pela igualdade e pela equidade vem se desenvolvendo ao longo da história. Conseguimos avançar bastante, mas ainda temos que percorrer uma trajetória para derrubar paradigmas, crenças e preconceitos que não podem mais existir em uma sociedade tecnológica e globalizada.

O autismo não tem cura, mas os tratamentos que foram expostos, ajudam crianças e adultos há melhorar sua qualidade de vida, a convivência familiar e social. O autista está conquistando seu espaço, que é de direito, nas escolas, nos parques, nos teatros etc.

Os profissionais que trabalham na educação devem estar sempre atualizados e atentos aos movimentos em favor da inclusão. A família precisa ser aliada nestas conquistas.

Com a união de todos a exclusão vai perder espaço em nossa sociedade, em nossa família, em nossa vida.

REFERÊNCIAS

ASSIS, O Q; POZZOLI, L. **Pessoa com deficiência:** direitos e garantias. 2.ed. São Paulo: Damásio de Jesus, 2005.

AURICCHIO, Rosana; SILVA, Rafael. Dias. **The Interfaces of Assessment Instruments:** New Evaluation Strategies and Practices Adapted for Inclusive Education. In: 16th annual International Conference of Education, Research and Innovation, 2023, Seville, 2023. p. 4707.

BUENO, José Geraldo Silveira. **Educação especial brasileira**: integração/ segregação do estudante diferente. São Paulo: Educ., 1993.

MARQUES, L. P. **O professor de estudantes com deficiência mental:** concepções e prática pedagógica. Campinas: Universidade Estadual de Campinas, 2000.

SASSAKI, R. K. **Inclusão: construindo uma sociedade para todos**. Rio de Janeiro: WVA, 1997.

SAVIANI, Demerval. **Pedagogia Histórico-Crítica**: primeiras aproximações. São Paulo: Cortez, 1992.

STELZER, Fernando Gustavo. **Uma pequena História do autismo**. In: Caderno Pandorga de Autismo, vol. 1, junho 2010.

WING, Lorna; GOULD, Judith. **Severe impairments of social interaction and associated abnormalities in children:** Epidemiology and classification. Journal of autism and developmental disorders, v. 9, n. 1, p. 11-29, 1979. DOI: https://doi.org/10.1007/BF01531288 WING, Lorna. Asperger's syndrome: a clinical account. Psychological medicine, v. 11 Acesso em: 27 jun. 2024.

https://prefeitura.colombo.pr.gov.br/educacao-entrega-material-didatico-inclusivo-para-as-classes-especiais/ Acesso em: 30 jun. 2024.

https://www.canalautismo.com.br/numero/004/pecs/. Acesso em: 30 jun. 2024.

LIDERANÇA PEDAGÓGICA: POR UM AMBIENTE INCLUSIVO E SEM ESTIGMAS

Elaine Cristina Lindolfo (*)

Grace Luciana Pereira (**)

"Conheça todas as teorias. Domine todas as técnicas, mas ao tocar uma alma humana, seja apenas outra alma humana."

Carl Gustav Jung

INTRODUÇÃO

O propósito deste artigo é refletir sobre a importância do papel da liderança pedagógica na construção de uma escola

---

(*) Formadora de professores/as e lideranças educacionais da Elos Educacional. Pós-graduada em Psicopedagogia, com aperfeiçoamento em Educação Pública pela USP e em Diversidade Étnico Racial pela UFABC, e Pedagogia pela FSA. Tem trinta e três anos de experiência como professora e coordenadora pedagógica em escolas de Educação Infantil e Fundamental. Na Secretaria de Educação de São Bernardo do Campo atuou como: encarregada da diversidade cultural; chefe da Seção da Educação Integral; Chefe de divisão de Incremento ao Ensino e na assessoria no Departamento de Ações Educacionais.

(**) Psicóloga e pedagoga, especializada em Administração Geral, Vitimização de Crianças e Adolescentes, Orientação, Supervisão e Direção Escolar, com mais de 30 anos de experiência em formação continuada de profissionais da Educação atuando em diversos municípios e estados do Brasil. Formadora da Elos Educacional e Membro da equipe do Instituto Ame sua mente. Por 8 anos fez parte da Equipe de Governo da Secretaria de Educação de São Bernardo do Campo. Produtora de objetos educacionais, formações presenciais e em EAD com ênfase em práticas pedagógicas disruptivas. Estudiosa do universo de jogos e gamificação na Educação. Atuante em relação à prevenção e promoção da saúde mental de docentes e discentes.

inclusiva, acolhedora e promotora de um ambiente, que preze pela qualidade da saúde mental de todos os envolvidos no processo de ensino e nas condições para a aprendizagem.

Segundo Sassaki (2007), o princípio "Nada sobre nós, sem nós" destaca a importância da participação ativa das pessoas que apresentam transtornos mentais em todas as decisões que as afetam, promovendo uma transição da integração para a inclusão. Esse princípio reforça a necessidade de um diálogo contínuo e significativo entre as partes interessadas, garantindo que as políticas e as práticas sejam verdadeiramente inclusivas.

Trazer Sassaki na introdução deste texto, busca promover um diálogo pela construção de um universo escolar, no qual as pessoas são vistas como indivíduos e as ações são realizadas para que elas sejam atendidas de acordo com as suas necessidades. Incluir, é um princípio básico, para que as equipes escolares possam construir seus planos de ação e um trabalho que prime pela equidade.

Nossa proposta é fazer um recorte, com foco em tratar especificamente dos estudantes que apresentam o transtorno do déficit de atenção/hiperatividade (TDAH), devido tratar-se de um dos transtornos mais comuns em crianças e em adolescentes. Vale destacar ainda, que é fundamental ampliarmos nossos conhecimentos, assim como, nos instrumentalizarmos para conhecer cada um dos estudantes, das nossas escolas, que, de modo individual, apresentam características próprias, que em uma perspectiva holística de educação para todos, prima por uma cultura escolar diversa e inclusiva.

Há muitos artigos científicos que podem subsidiar as lideranças escolares, contudo esta produção tem o propósito de oferecer reflexões, que colaborem para uma postura mais ativa e parceira, por parte das lideranças, na construção de um cenário escolar inclusivo, no que se refere aos estudantes com TDAH.

A abordagem proposta vai apresentar questionamentos que poderão colaborar com o trabalho escolar, assim como, com algumas possibilidades de intervenções. Vale destacar que acreditamos, firmemente, na autoria e criação das equipes escolares, que descobrem caminhos, ainda não percorridos.

Quando tratamos do ser humano, temos a garantia da singularidade e de processos próprios, que devem levar em consideração o indivíduo, o território, as possibilidades e às necessidades de cada equipe escolar. Que este texto seja um diálogo entre as práticas escolares, de tal forma que se amplie o nosso raio de ação e busque contribuir com as demais equipes, na construção desta cultura educacional e inclusiva.

Destacaremos o papel das lideranças pedagógicas como facilitadoras e como mediadoras desse processo, no ofício de educar, de construir conhecimentos e de se garantir o ensino e a aprendizagem dos estudantes. E como se propõe a filosofia Ubuntu, "é preciso toda uma aldeia, para educar uma criança". A equipe escolar como um todo, os estudantes, os familiares e as instâncias públicas ou particulares que sustentam o sistema escolar, precisam ver se como partícipes deste processo, corresponsáveis por educar uma criança. Dessa forma aqui não trataremos de culpa e sim de responsabilidade, ação essa que pertence a todos os envolvidos na busca de uma educação humana, inclusiva, diversa e efetiva.

TDAH E O VIR A SER

Na etimologia da palavra estigma, que vem do grego "stígma", podemos encontrar significados tais como: marca natural no corpo; toda marca ou sinal (DICIO, 2024), quando associamos a um transtorno como o Transtorno do Déficit de Atenção com Hiperatividade. O desafio é lutar contra o estigma de um estudante que não se concentra e está sempre se movimentando e apresentando um comportamento agitado e impulsivo. Mesmo que o estudante expresse algumas ou todas essas características, ele faz parte da diversidade, que encontramos nas salas de aula, devido a cada estudante ter sua própria característica e sua forma de ser nesse mundo.

As perguntas que devemos fazer é como alavancar os potenciais dos estudantes, levando em consideração suas peculiaridades? Como podemos fortalecer as práticas pedagógicas, para que elas possam ser cada vez mais inclusivas, beneficiando os agrupamentos como um todo e os indivíduos em suas necessidades específicas?

Essa construção alicerçada na diversidade e na aprendizagem inicia-se na quebra do estigma, que, muitas vezes, já está instaurado até mesmo no próprio estudante, que se considera um problema e um fracassado.

> Há relatos desde a antiguidade sobre o tratamento estigmatizados oferecidos para pessoas que divergiam do padrão imposto, e esse contato com o diferente era a parte mais cruel da sociedade antiga, visto que, os doentes incuráveis eram jogados ao rio, deficientes e pessoas que nasciam com algum tipo de deformação eram jogadas de cima de montanhas, velhos eram mortos apenas por serem velhos etc. (Wendt, 2001 *apud* Silva, 2008).

Os estigmas estão em nossa sociedade e, apresentar um transtorno pode vir acompanhado de um histórico de pouca aceitação, de desconhecimento, assim como, da falta de reconhecimento de que um indivíduo é mais do que um diagnóstico e que este não o define, muito menos dita o que ele pode ser e pode fazer.

Por isso, a maior estratégia de combate ao estigma é o conhecimento. As informações irão ajudar a enxergar as potencialidades e as dificuldades dos estudantes, que, porventura, possam ser diagnosticados com TDAH. O diagnóstico não pode ser uma sentença, ele é só uma constatação de que há características, dificuldades e até mesmo potenciais que devem ser levados em consideração ao se propor o processo de ensino e as relações com a aprendizagem.

A escola pode ser a promotora das melhores possibilidades de aprendizagem, quando o estigma deixa de ser uma forma de marcar as pessoas, para ser algo a ser combatido, diariamente, por todos os atores escolares. Seja na relação com o estudante, entre os estudantes, com o professor, com a equipe, com os familiares ou com a própria equipe gestora.

A escola precisa ser um lugar de pessoas, onde elas são vistas e respeitadas de acordo com as suas especificidades, e não carimbadas, ou rotuladas, por siglas ou por expressões que pouco colaboram para as práticas exitosas.

Como as lideranças pedagógicas podem ajudar a equipe docente nessa tarefa de quebra de paradigmas e de estigmas? Como envolver a comunidade escolar nesse processo liderado pelas equipes gestoras para derrubar estigmas?

As perguntas vêm no sentido de que se acredita em uma gestão participativa, na qual o trabalho não pode ser feito somente com os professores, devido a escola ser um sistema composto desde aquele que abre o portão até aqueles que fazem a merenda, a equipe docente e os familiares. Vale destacar, também os próprios estudantes.

Um processo de construção de um clima escolar inclusivo, precisa ser compartilhado com todos. Uma orquestra com tantas vozes, precisa estar em sintonia e ter acesso ao conhecimento sobre o que é o TDAH, para que não se fortaleça um ambiente de bullying e de ignorância. Se o conhecimento é libertador, também é muito trabalhoso, porque como dito acima, a sociedade insiste em selecionar e marcar pessoas com TDAH como se fossem problemáticos.

É necessário fomentar, na comunidade escolar, ações para transformar o ambiente, no qual todos se expressem e aprendam mediante suas singularidades. Parece caótico e contraditório que mesmo a humanidade sendo feita de pessoas diferentes, haja uma grande pressão para que todos se encaixem em padrões. Em relação ao estigma, o que teremos de comum é que cada ser, mediante suas características, seja respeitado e estar inserido na tarefa de aprender. A liderança pedagógica pode desempenhar um papel fundamental na criação de conexões, no sentido de derrubar muros e de construir pontes, desconstruir, desmistificar estigmas e desconhecimentos, que, muitas vezes, levam ao preconceito e à segregação.

PAPEL DA LIDERANÇA EM RELAÇÃO AO TDAH

Acima, vimos no texto duas perguntas que se referem ao papel da liderança sobre o TDAH. Na medida em que a liderança tem responsabilidade na construção de um clima escolar cada vez mais inclusivo, com os estudantes com TDAH, o processo precisa ter início na própria equipe gestora, nos questionamentos quanto ao que se conhece e ao que se sabe.

Mais uma vez, ressaltamos que o nosso objetivo não é tratar de conceitos médicos, psiquiátricos ou psicológicos, mas o foco está na atuação da equipe de liderança, no entendimento e no funcionamento do TDAH, bem como, na busca de como efetivar o melhor processo de aprendizagem por parte dos estudantes. Sendo assim, a liderança deve saber que, segundo Hudson (2019)

> ...indivíduos com TDAH geralmente mostram três indicadores comportamentais: desatenção, hiperatividade e impulsividade. O TDAH é um distúrbio neurobiológico (química cerebral). Não tem cura, mas pode responder a medicamentos, terapia comportamental e mudanças de estilo de vida."

O TDAH não afeta o intelecto do estudante, mas para que se realize o ensino, a aprendizagem precisa levar em consideração as características do transtorno. É importante que a liderança busque referências bibliográficas, materiais e recursos que expliquem ao TDAH.

Como esse conhecimento sobre TDAH pode ser compartilhado com a equipe na quebra de estigmas?

Nesse aspecto a formação continuada da equipe pode ser um dos caminhos. Segue algumas etapas a serem consideradas:

1. Espelho:

A equipe olha para si mesma, entende e aceita o que sabe sobre TDAH. Precisa ser um mergulho autêntico e corajoso sobre o que já conhecem ou o que precisam saber para tornarem-se membros estratégicos no estabelecimento de uma cultura de prevenção e promotora de saúde mental

Uma boa estratégia para esse mapeamento, é a tabela SIAR, que é um dos organizadores gráficos mais utilizados para explorar o **conhecimento prévio** dos participantes de um grupo.

A tabela é muito simples e é formada por quatro colunas: uma chamada Saber, a outra Indagar, a terceira Aprender e a quarta Refletir. De acordo com a Tabela SIAR (Sousa; Abreu, 2019), é possível analisar, de maneira interativa, os resultados da aprendizagem, facilitando a identificação de áreas que necessitam de melhorias.

O que sei? Compartilhem suas ideias e seus conhecimentos atuais sobre o assunto.

O que quero saber? Formulem perguntas sobre aspectos do conteúdo que desejam entender melhor.

O que aprendi? À medida que ampliem novos conhecimentos, anotem as informações relevantes que descobriram.

Como aprendi? Reflitam sobre o processo de aprendizagem e registrem os métodos ou os recursos que utilizaram para aprender.

Nessa abordagem, monta-se uma tabela com os seguintes quadrantes:

Figura 1 – Tabela SIAR

SABER **O que sei?**	**INDAGAR** **O que quero saber?**	**APRENDER** **O que aprendi?**	**REFLETIR** **Como aprendi?**

A proposta é que a equipe comece a preencher os dois primeiros quadrantes. Depois, levantarão os conhecimentos que já possuem sobre o TDAH e o que precisam saber. Com essas importantes informações, a equipe poderá realizar as seguintes ações:

a. Pesquisa e curadoria de materiais sobre o TDAH, sempre buscando fontes confiáveis, baseando-se em dados científicos e com materiais acessíveis, porque, posteriormente, eles poderão fazer parte do acervo da formação a ser compartilhada com a comunidade escolar. Outra dica, é que sejam materiais diversos e multimodais, como artigos, livros, vídeos explicativos e filmes.
b. Estabelecer um horário ou um momento para o conhecimento e o estudo destes materiais, bem como a inclusão deles em processos formativos.
c. Retornar para o preenchimento da tabela SIAR, sendo que cada um irá registrar o que aprendeu (terceira coluna), para se mensurar, se esse conhecimento já é suficiente para que possam levar as informações para a equipe escolar e mediar processos de quebra dos estigmas.

   Esta etapa do processo de tomada de decisão, é um mergulho pessoal, em que a liderança irá olhar para o seu percurso e identificar os avanços ou os desafios que ainda precisam ser transpostos.

d. A etapa final do preenchimento da tabela SIAR, está ligada a metacognição, ou seja, sobre a forma de como o adulto aprende. Segundo Placco (2003), "a aprendizagem dos adultos, especialmente, dos professores, é um processo contínuo e dinâmico, influenciado por suas experiências de vida e contextos socioculturais".

Assim sendo, o exercício de refletir acerca da sua própria aprendizagem, como parte inerente deste contexto, é fundamental para que o conhecimento fique reforçado e gere propostas de ações efetivamente produtivas.

e. Constituir espaços formativos de escuta, de reflexão e de tomada de decisão coletiva, no qual a responsabilidade compartilhada compromete a todos da comunidade escolar, com a quebra de barreiras relacionadas ao TDAH.

Ao realizar a atividade da Tabela SIAR, a liderança pedagógica construiu o seu próprio percurso de aprendizagem sobre TDAH e tem condições de criar jornadas formativas para a comunidade escolar.

Como mencionado na canção "Transição" do Teatro Mágico:

> Desperta em nós
> Nova aurora ao coração
> Ensina a perder o medo
> Alcança a voz, acorda de prontidão.
> Anuncia
> Milagres acontecem quando a gente vai à luta
>
> Transição — Teatro Mágico
> (TEATRO MÁGICO, 2006).

Como diz a bela canção do Teatro Mágico, arriscar-se a aprender tem a ver com ensinar a perder o medo, dar voz aos atores da comunidade escolar, e fazer acontecer na lida cotidiana, que é o fazer docente. Uma equipe que se propõe a ser melhor e a fazer o melhor por todos os estudantes com TDAH, ou qualquer outro transtorno.

O próximo passo é construir formações continuadas que fortaleçam uma narrativa inclusiva a respeito da melhor forma de como lidar, incluir e ensinar estudantes com TDAH.

Outro exercício interessante de se construir:

2. O CHÁ do TDAH

Levando em consideração, o que aprendemos sobre TDAH, quais são os conhecimentos, habilidades, atitudes e valores que podemos ampliar?

A proposta é que você preencha esta tabela, para organizar possibilidades de reconhecimento do que deseja investir para ampliar cada um destes itens:

Figura 2 — Tabela de Habilidades, Competências, Atitudes e Valores

Sobre TDAH – o que desejamos	
Conhecimentos	
Habilidades	
Atitudes	
Valores	

Este exercício inicia-se com a equipe gestora, no exercício democrático, a ser ampliado para que o restante da comunidade escolar, em uma construção coletiva. De acordo com Paro (2001), "a construção coletiva é um processo essencial para a gestão democrática na educação, que requer a participação ativa de todos os membros da comunidade escolar". Este ambiente participativo e de construção coletiva, favorece ações cada vez mais engajadas, que por sua vez colaboram para um ambiente de aprendizagem plural e inclusivo.

FORMAÇÃO CONTINUADA SOBRE TDAH

No papel de liderança pedagógica, é fundamental que se trabalhe para a promoção de ambientes formativos, acompanhem o cotidiano da sala de aula, subsidiando o docente no trabalho com seus estudantes. Em relação aos processos formativos, faz-se necessário retomar os instrumentos pedagógicos, que fazem parte da rotina do docente, para que se evidenciem o trabalho realizado.

A equipe escolar precisa valorizar as pessoas com suas características, potenciais e dificuldades. O docente precisa sentir-se seguro e apoiado, para que suas ações, sejam intencionalmente direcionadas para o aprendizado de cada estudante.

Nesta proposta de acompanhar e apoiar a equipe docente, a observação em sala de aula, apresenta-se como uma ação potente e de parceria, entre equipe pedagógica e docente, na medida em que o olhar da liderança se soma ao do professor, na busca das melhores alternativas. Vale destacar que esta observação precisa ser uma ação combinada entre as partes, com data e horário previamente agendados e uma pauta de observação para que um determinado foco, seja o objeto desta ação.

Após a observação, recomenda-se a organização de um feedback, para que possam dialogar em relação aos pontos fortes e possíveis desafios, para que em conjunto, pensem nos melhores encaminhamentos. A observação foi realizada seguindo a pauta de observação conforme descrita por Placco e Souza (2006), que enfatiza a importância de registrar tanto os comportamentos observáveis quanto as interpretações subjetivas dos observadores.

O olhar parceiro é aquele que repara os detalhes e ao reparar compromete-se na busca de alternativas para um trabalho cada vez mais qualificado e, que promova o desenvolvimento integral dos estudantes.

Ao delinear um processo formativo, de acordo com Moriconi (2017), uma formação continuada eficaz precisa contemplar cinco aspectos importantes, que elencamos na figura abaixo:

Figura 3 — Gráfico sobre pilares da Formação Continuada

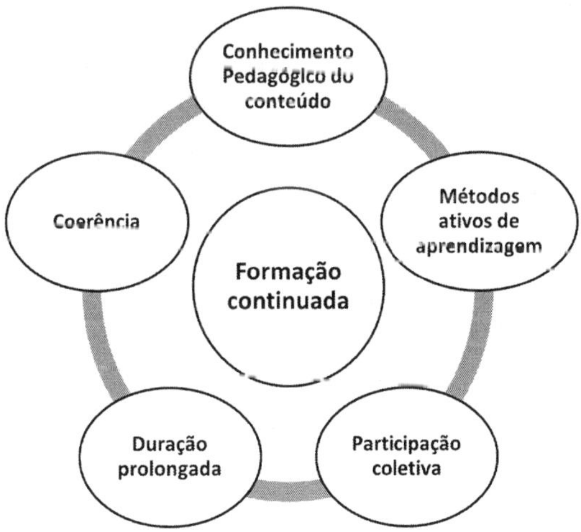

Ao conceber os processos formativos, as escolhas devem levar em consideração os cinco itens da figura anterior, buscar identificar quais conhecimentos serão fundamentais para constituir a base da formação. A metodologia escolhida deve promover a reflexão-ação. De acordo com Andrade (2021):

> "As metodologias ativas-projetos, aula invertida, ensino híbrido, gamificação — constituem alternativas pedagógicas que colocam o foco do processo de ensino e de aprendizagem no aprendiz, envolvendo-o na aprendizagem por descoberta, investigação ou resolução de problemas. Nesse sentido, a perspectiva da aprendizagem visível vem intensificar os processos do aprendiz — estudante ou professor — de pensar coletivamente, reconhecer seu próprio pensamento, ganhar autonomia e motivação, autoconhecimento e metacognição — a capacidade de pensar sobre seu próprio pensamento."

O conceito de aprendizagem visível que dá lugar a forma como se aprende, e permite que o aprendiz seja autor desse processo, é uma escolha interessante quando tratamos de apropriação do conhecimento e pode ser associado à construção de uma cultura inclusiva. Além disso, a abordagem propõe excelentes ferramentas que podem ser incorporadas à formação continuada e combina com o propósito de que todos são responsáveis por uma escola acolhedora para estudantes que apresentam TDAH.

Os outros elementos propostos por Moriconi (2017), sobre a duração, são perfeitamente ajustáveis a necessidade de fortalecimento de uma cultura inclusiva, que leva tempo, para se transversalizar em ações, fazendo com que o clima, a cultura, as ações pedagógicas, as atividades escolares, os comportamentos e as pessoas sejam agentes ativos dessa transformação. E, por último, mas não menos importante, temos a coerência, que se consolida quando a empatia, a colaboração, as atitudes livres de preconceitos ou discriminações, possam se relacionar de forma humana e respeitosa quanto ao TDAH ou qualquer outro transtorno.

CENÁRIO DIVERSO – PROTAGONISTAS EM BUSCA DE SUPERAÇÃO

Papel do professor

Quando se trata de transtornos, como é o caso do TDAH, é muito comum que o professor observe no comportamento da criança ou adolescente, as características que o definem, e pode ocorrer de nem mesmo os pais e familiares terem clareza desses comportamentos. Por isso é importante que o professor reconheça a necessidade de se buscar mais informações para ajudar o estudante. Sendo assim, a liderança pode auxiliar os professores a desenvolverem e aprimorarem um olhar integral para o estudante.

No caso do TDAH, é fundamental, que o docente saiba que:

> "Quando pensamos em TDAH, não devemos raciocinar como se estivéssemos diante de um cérebro "defeituoso". Devemos, sim, olhar sob um foco diferenciado, pois, na verdade, o cérebro do TDAH apresenta um funcionamento bastante peculiar, que acaba por lhe trazer um comportamento típico, que pode ser responsável tanto por suas melhores características como por suas maiores angústias e desacertos vitais. O comportamento TDAH nasce do que chama de trio de base alterada. É a partir desse trio de sintomas – formado por alterações da atenção, da impulsividade e da velocidade da atividade física mental – que irá desvendar todo o universo do TDAH, que muitas vezes, oscila entre o universo da plenitude criativa e o da exaustão de um cérebro que não para nunca." Silva (2010).

O professor não irá fazer diagnóstico, isso é um fato, mas por estar presente diariamente na vida do estudante, ele poderá fornecer informações essenciais para encaminhá-lo para profissionais, que farão toda a diferença, como psiquiatras e psicólogos, que ao reconhecerem as características do TDAH, conseguirão em conjunto, ajudar o estudante em seu processo de aprendizagem. O professor é peça fundamental dessa parceria, que junto com outros especialistas, orientarão o estudante e a família, a buscar as melhores estratégias, para garantir a qualidade de sua saúde mental.

Cabe a liderança estar presente também e apoiar o professor fornecendo subsídios teóricos para que ele compreenda como é o funcionamento de um estudante com TDAH. O apoio emocional ao professor também se fará necessário, porque elaborar um planejamento inclusivo pede que ele conheça sobre metodologias ativas, novos arranjos para a sala de aula, como trabalhar com as competências socioemocionais e como utilizar diversas linguagens em sala de aula. Quando se fala de uma proposta curricular inclusiva, ela se enquadra para toda a turma. Nesse caso irá beneficiar o estudante com TDAH e todos os outros, concomitantemente.

Papel da família

> Conforme disposto no Art. 205 da Constituição Federal, "A educação, direito de todos e dever do Estado e da família, será promovida e incentivada com a colaboração da sociedade, visando ao pleno desenvolvimento da pessoa, seu preparo para o exercício da cidadania e sua qualificação para o trabalho" (Brasil, 1988).

Nossa constituição trata a Educação como uma parceria entre a equipe escolar e a família, em sintonia, para garantir a aprendizagem de forma qualificada, o que é essencial para a plenitude da cidadania. Referente ao estudante com diagnóstico ou não de TDAH, podemos encontrar pais cansados e frustrados, por não saberem lidar com a impulsividade, com a energia e a desatenção do filho, sentindo-se perdidos, sem saberem como lidar com a situação.

Quando chamados pela equipe escolar, podem chegar resistentes e pouco abertos, sendo está uma atitude defensiva, temendo que seu filho seja um problema para a escola ou ainda pior, que não seja acolhido. Por isso, a liderança precisa estar preparada para esse comportamento, e junto com o docente, necessitam receber a família de forma acolhedora, derrubando estigmas e construindo pontes para que juntos ofereçam ao estudante as melhores oportunidades, formando assim uma rede de apoio que pode ser ampliada por outros profissionais.

A escuta ativa, acolhedora sobre como os pais veem a situação, pode fornecer informações do estudante, sempre sem rótulos ou estigmas, tranquilizando-os, que a parceria será estabelecida, que a informação, o diálogo e a inclusão serão norteadores do processo. Compartilhar boas estratégias de como lidar com o estudante e aprender com a família, sobre suas necessidades e particularidades, serão pilares da atuação conjunta.

UMA RELAÇÃO DIFERENTE COM A VELOCIDADE DE PROCESSAMENTO DE INFORMAÇÕES E COM A CAPACIDADE DE CONCENTRAÇÃO – COMPREENDENDO O ESTUDANTE COM TDAH

> "Os fatores que causam o TDAH afetam o desenvolvimento e o funcionamento de áreas específicas do cérebro, principalmente na região frontal e suas

conexões. Essas áreas são responsáveis por funções executivas do cérebro, como o autocontrole, o automonitoramento, a memória do trabalho, o planejamento, a organização e o controle emocional." (Estanislau; Mattos, 2022, p. 154)

A compreensão do que é o TDAH é primordial para as lideranças pedagógicas, na medida em que o estigma se inicia na falta de informação, como atores estratégicos devem demonstrar, através de suas próprias ações e atitudes, o compromisso com a inclusão e o combate ao preconceito, servindo como exemplo para toda a comunidade escolar.

De acordo com Hudson (2019), seguem algumas características importantes para se compreender o funcionamento de uma pessoa com o TDAH, não necessariamente todas elas estarão presentes, mas servem para se analisar a forma de atuação do indivíduo. Acima, foi citado a relevância do professor conhecer as competências socioemocionais, pois desenvolvê-las será essencial para que ajude ao estudante a se compreender e a buscar formas de lidar com seu transtorno.

Quadro 1 — Síntese do pensamento sobre algumas características do TDAH de Hudson (2019)

Atenção	Hiperatividade	Impulsividade	Pontos fortes
— Distraem-se facilmente. — Têm baixa capacidade de concentração, pulam de uma tarefa para outra.	— Mantém as mãos e pernas agitadas quando estão sentados. Aparentam estar irrequietos e distraídos.	— Gritam em sala de aula. — São impacientes. — São irritadiços.	— Mostram grande entusiasmo. — Têm ideias inovadoras. — Apresentam muita disposição.

Atenção	Hiperatividade	Impulsividade	Pontos fortes
— Têm problemas em permanecer focados em uma atividade. — Cometem erros por descuido. — Apresentam falta de organização, perdem coisas, chegam atrasados. — Têm memória de curto prazo baixa. — Tem dificuldade de seguir instruções. — Aparentam estar bastantes desinteressados e alheios. — Evitam tarefas que necessitam de esforço mental prolongado. — Podem falhar em concluir tarefas, apesar do empenho.	— Saem com frequência durante a aula. — Podem fazer palhaçadas e serem exibidos. — Vão correr ou escalar em momentos inapropriados. — Falam excessivamente. — São incapazes de relaxar e ficar calmos. — Apresentam conduta caótica, por exemplo sem os materiais ou livros adequados.	— Acham difícil esperar sua vez. — Interrompem e se intrometem nas conversas de outras pessoas. — Podem ser ansiosos e agitados. — Reagem emocionalmente, não racionalmente. — Podem ficar com raiva e agressivos. — Assumem riscos; são rebeldes. Estão sempre buscando pela coisa mais empolgante a fazer.	— Enxergam de uma perspectiva diferente por serem pensadores laterais. — São carismáticos e envolventes. — São destemidos: deleitam-se em tentar coisas novas: adoram a ideia de "fazer uma tentativa". — Voluntariam prontamente. — Podem ser excelentes em atuação, dança ou esporte. — Frequentemente são amáveis, amigáveis e extrovertidos. — Podem ser muito bons com crianças mais novas. — Quando lhe é dada alguma responsabilidade, mostram-se à altura do desafio. — Geralmente querem se sair bem e ter amigos. — Podem ter um apurado senso de justiça e imparcialidade. — Podem ter paixão por determinado assunto, esporte ou hobby.

Fonte: Própria, 2024.

Essas características não podem resumir a personalidade de uma pessoa, mas conhecer o funcionamento de um estudante com TDAH, ajudará a se buscar manejos e estratégias para a qualidade de vida e da saúde mental. Potencializando as atitudes positivas, ensinando-os a autorregulação, incentivando o autoconhecimento, modelando as dificuldades e criando estratégias do bem-viver.

AUXILIANDO O PROFESSOR A PLANEJAR AULAS INCLUSIVAS

Um planejamento que atenda às necessidades de um estudante com TDAH, como dito antes, irá beneficiar também outros estudantes, é imprescindível que a personalização do ensino, leve em consideração as características e necessidades do estudante em foco. Na prática docente, conhecimento, atenção ativa, escuta empática, um registro potente, a busca de parcerias, uma relação firme e amorosa com o estudante, dentre outras ações serão preponderantes para o sucesso da aprendizagem. A função da liderança é ser promotora e facilitar essa mediação do professor.

Incentivar o professor a:

- utilizar recursos multissemióticos, ou seja, aqueles que envolvem o uso de diferentes linguagens (verbal, sonora e visual, fotos, ilustrações, cores, vídeos, áudios etc.). A variedade de recursos pode alavancar o aumento da atenção do estudante ao fornecer diferentes estímulos;
- empregar metodologias ativas e recursos diversos;
- compartilhar o objetivo da aula, indicar como serão as etapas e os tempos das atividades;
- ter uma estrutura clara e conhecida pelo estudante, por exemplo, hora da história, atividades com jogos, hora do

laboratório, e por aí adiante. Estrutura dá a sensação de segurança para o estudante;

- compartilhar as informações por partes e sempre retomar os comandos;
- fornecer uma lista com as atividades da aula para que o estudante marque as que conseguir concluir, dessa forma, ele desenvolverá também estratégias para finalizar as atividades do dia;
- permitir que o estudante armazene as informações de forma diferentes em tiras, *post-its*, um diário, arquivo digital, ou que for mais adequado pra ele;
- associar o conteúdo das aulas à vida e ao seu significado real;
- ser flexível, mudar a atividade quando ela não estiver alcançando o que se deseja;
- compreender o que motiva o estudante e usar para compor o seu planejamento;
- pensar em arranjos espaciais da sala de aula diferentes que estimulem e incentivem o estudante;
- permitir a movimentação na sala de aula em algumas atividades;
- ter em seu planejamento momentos em que os estudantes se movimentem;
- ser positivo, proativo e otimista, mas firme quando necessário;
- trabalhar com rubricas também para que o estudante entenda o que se espera dele nas atividades e deseje melhorar seu desempenho;
- sinalizar os tempos na aula, por exemplo: faltam 10 minutos para o fim do tempo para a realização da atividade, ajuda o estudante a se posicionar no tempo;

- alternar as atividades levando em consideração o tempo reduzido de concentração do estudante;
- reconhecer o empenho e o avanço do estudante e parabenizá-lo por isso;
- ter um contrato didático claro com os estudantes, sobre o que é aceitável, o que é negociável e o que é inaceitável;
- ficar atento para reconhecer quando o estudante estiver perdendo o controle e evitar a crise com estratégias que funcionem com ele. Isso só será descoberto com atenção e escuta ativa bem presentes;
- perceber quais são as atividades em que o estudante assimila melhor os conteúdos;
- incluir atividades de relaxamento, de respiração consciente para harmonização e como estratégia de autocontrole.

Perceba que uma aula inclusiva para um estudante com TDAH, também é muito útil para o restante da turma. Dessa forma, todos se sentem inseridos independentemente de ter algum transtorno ou não.

Que os planejamentos despertem os talentos e potencialidades do estudante, que ele aprenda a se adaptar às dificuldades diárias, sem se sentir inferior ou incapaz.

ESTRATÉGIAS DE ENFRENTAMENTO AO PRECONCEITO

Mediante tudo que foi dito, a proposta agora é trazer algumas estratégias, que podem colaborar para enfrentar o preconceito, para que possamos mitigar estes comportamentos e promulgar uma cultura inclusiva e participativa voltada para a prevenção e promoção da saúde mental.

Rodas de conversa: as rodas de conversa podem ser uma excelente estratégia, para que os estudantes expressem seus anseios, dificuldades, angústias e aprendam no coletivo, como respeitar uns aos outros. Estas rodas podem ser tematizadas, com materiais previamente preparados, para que se estabeleça pilares sólidos para o trabalho de convivência.

Ações de combate ao bullying: para as ações de combate ao bullying, a equipe de liderança, poderá retomar o regimento interno da escola, para constar protocolos que apresentem ações e sanções claras, para quaisquer participes do ambiente escolar, que cometerem crimes de preconceito ou bullying.

Incentivo a ações acolhedoras e inclusivas: Por meio de projetos, sequências didáticas e criação de espaços de convivência, a equipe de liderança pode incentivar ações, por parte dos diferentes membros da escola, que sejam acolhedoras e inclusivas. A proposta é pensar em exposições, feira de livros, troca de brinquedos, festivais de música ou de teatro, onde as pessoas possam exercitar a colaboração e respeito ao trabalho do outro.

Prática de gestão à **vista sobre bullying:** Esta prática prima pela comunicação e pela transparência, de forma que no combate ao bullying, pode ser bastante eficaz. Algumas ideias: criar na escola espaços para quadros de aviso ou painéis informativos, campanhas visuais, tendo os estudantes como protagonistas, reuniões e caixas de sugestões.

CONSIDERAÇÕES FINAIS

Gostaríamos de encerrar este diálogo pedagógico, sobre as lideranças, ressaltando a importância do seu papel no trabalho de construção de uma cultura inclusiva e participativa. Compartilhamos algumas reflexões, que poderão contribuir com o trabalho dessas equipes, assim como, apresentar-se como mais uma possibilidade de ver o outro, de uma forma acolhedora, fazendo com que os diagnósticos estejam a favor do humano, à favor de despertar em cada um de nós, o desejo de seguir para promover a aprendizagem. É nessa educação que dedicamos a nossa trajetória profissional, que por meio deste texto, busca chegar até cada um de vocês, nesta ideia de comunidade de aprendizagem, que tanto pode fortalecer as nossas ações.

Na escola da vida somos todos aprendizes
Onde cada voz, em sua singularidade, se une a um coral
de diversidades.
O saber é partilha, é construção coletiva, é a soma
de outras tantas caminhadas, que riscam trajetos e
encontram caminhos.

REFERÊNCIAS

ANDRADE, Julia Pinheiro. **Aprendizagens Visíveis. Experiências teórico-práticas em sala de aula**. São Paulo: Panda Books, 2021.

BRASIL. Constituição (1988). **Constituição da República Federativa do Brasil.** Brasília, DF: Senado Federal, 1988.

DICIO. **Estigma**. Disponível em: https://www.dicio.com.br/estigma/. Acesso em: 21 jun. 2024.

ESTANISLAU, Gustavo M.; MATTOS, Paulo. **Transtorno de déficit de atenção/hiperatividade.** In: SILVA, José da (Org.). Manual de Psiquiatria. 2. ed. São Paulo: Editora ABC, 2022. p. 154.

HUDSON, Diana. **Dificuldades específicas de aprendizagem:** ideias práticas para trabalhar com dislexia, discalculia, disgrafia, dispraxia, TDAH, TEA, Síndrome de Asperger, TOC/ Diana

Hudson: tradução de Guilherme Summa. Petrópolis, RJ: Vozes, 2019.

MORICONI, Gabriela Miranda (coord.) **Formação continuada de professores:** contribuições da literatura baseada em evidências. São Paulo: FCC, 2017.

PARO, Vitor Henrique. **Gestão democrática da escola pública**. São Paulo: Ática, 2001.

PLACCO, Vera Maria Nigro de Souza. **A formação continuada de professores:** fundamentos e processos. São Paulo: Edições Loyola, 2003.

PLACCO, Vera Maria Nigro de Souza; SOUZA, Lourdes de Oliveira. **Pauta de observação: Instrumento de apoio à formação de professores.** São Paulo: Loyola, 2006.

PLATÃO, Ana Maria de Souza. **Gestão à Vista na Educação**: Estratégias para um Ambiente Escolar Saudável. São Paulo: Editora Acadêmica, 2018.

SASSAKI, Romeu Kazumi. **Inclusão: Construindo uma sociedade para todos**. Rio de Janeiro: WVA, 2003.

SILVA, Ana Beatriz Barbosa. **Mentes inquietas:** entendendo melhor o mundo das pessoas distraídas, impulsiva e hiperativas. Rio de Janeiro: Objetiva, 2010

SILVA, M. P. **A dificuldade de aprendizagem e o fracasso escolar:** as causas que impactam o processo de ensino-aprendizagem. Biblioteca Digital do Núcleo de Conhecimento, 2008. Disponível em: https://www.nucleodoconhecimento.com.br/livros/educacao/dificuldade-de-aprendizagem. Acesso em: 21 jun. 2024.

SOUSA, Ana Maria de; ABREU, Carlos Eduardo de. **Tabela SIAR:** Sistema Interativo de Análise de Resultados. São Paulo: Editora Acadêmica, 2019.

TEATRO MÁGICO. **Transição. In: ________. Segundo Ato**. [S.l.]: [s.n.], 2006. Faixa 3.

INTERVENÇÕES NEUROBIOLÓGICAS E COMPORTAMENTAIS NO TRANSTORNO DO ESPECTRO AUTISTA: AVANÇOS E APLICAÇÕES DA ABA

Jorge Marques Pontes (*)

INTRODUÇÃO

Este capítulo tem o objetivo de contextualizar o Transtorno do Espectro Autista (TEA), explorando suas características neurobiológicas como elementos fundamentais para o diagnóstico, o tratamento e a compreensão do transtorno. Além disso, em conformidade com a linha da nossa publicação, apresentamos a prática da Análise do Comportamento Aplicada (ABA), que visa auxiliar educadores e terapeutas a lidarem com o transtorno de maneira eficaz.

Segundo a APA (2022), o TEA é caracterizado por um padrão persistente de déficits na comunicação e na interação social, juntamente com padrões restritos e repetitivos de comportamento, de interesses ou de atividades. Esses sintomas são evidentes desde o início do período de

(*) Graduado em Filosofia e Mestre em Políticas Públicas, com especializações em Gestão Pública, Saúde Pública, Neurociência e Psicopedagogia. Com uma carreira acadêmica de mais de 20 anos, leciona em cursos de Pedagogia, Psicologia e Direito. Exerceu a função de coordenador nos cursos superiores de Tecnologia em Gestão Hospitalar e Gestão Pública. Escritor e palestrante, sua vasta experiência acadêmica e interdisciplinaridade garantem uma visão abrangente e profunda nos campos da Neuropsicopedagogia e Educação.

desenvolvimento da pessoa e causam dificuldades significativas no funcionamento social, escolar e ocupacional.

O termo "espectro" é utilizado porque os sintomas do TEA podem variar amplamente entre os indivíduos. As características e a gravidade dos sintomas podem se manifestar de maneiras diversas, desde formas mais leves, que podem ser menos perceptíveis, até formas mais graves, que podem incluir défices significativos de comunicação e comportamento repetitivo. Sendo assim, a utilização do termo "espectro" reflete essa variabilidade e reconhece que, embora todas as pessoas com TEA compartilhem certas dificuldades comuns, a expressão dessas dificuldades pode ser bastante diferente de uma pessoa para outra.

O Transtorno do Espectro Autista (TEA) está incluído no DSM-5-TR (Manual Diagnóstico e Estatístico de Transtornos Mentais, Quinta Edição, Revisão de Texto) sob a categoria de Transtornos do Neurodesenvolvimento. A classificação do TEA é feita com base na gravidade dos déficits na comunicação social e dos padrões de comportamento restritos e repetitivos, sendo dividida em três níveis (APA, 2022):

> Nível 1 — Requer suporte: Sintomas de comunicação social e comportamentos restritos e repetitivos que são perceptíveis sem suporte. O indivíduo tem dificuldades em iniciar interações sociais e pode apresentar respostas atípicas às abordagens sociais de outras pessoas.
>
> Nível 2 — Requer suporte substancial: Défices marcados na comunicação social, com interações limitadas e respostas atípicas, e dificuldades evidentes na mudança de foco ou ação. Comportamentos restritos e repetitivos são óbvios para os observadores.

Nível 3 – Requer suporte muito substancial: Défices graves na comunicação, com mínima resposta às iniciativas sociais e grande dificuldade em iniciar interações. Comportamentos restritos e repetitivos interferem significativamente em todas as áreas de funcionamento.

É importante notar que comorbidades podem complicar o diagnóstico e o tratamento do transtorno, tornando essencial uma avaliação abrangente para identificar e abordar todas as condições presentes. Entre as comorbidades mais comuns associadas ao TEA estão: Transtorno do Déficit de Atenção e Hiperatividade (TDAH); transtornos de ansiedade; transtornos de humor; transtornos do sono; transtornos alimentares; transtornos de aprendizagem; Transtorno Obsessivo-Compulsivo (TOC) e epilepsia.

Muitas pessoas com TEA também apresentam sintomas de TDAH, como desatenção, hiperatividade e impulsividade, assim como transtorno de ansiedade generalizada e transtorno de ansiedade social. O TOC pode coexistir com TEA e agravar os padrões restritos e repetitivos de comportamento. Além disso, a ocorrência de crises epilépticas é mais comum em indivíduos com TEA em comparação à população geral.

BASES NEUROBIOLÓGICAS E GENÉTICAS

As bases biológicas do autismo são complexas e multifatoriais, abrangendo aspectos genéticos, neurológicos e ambientais. Diversas áreas do cérebro são impactadas pelo Transtorno do Espectro Autista (TEA), incluindo a amígdala e o córtex pré-frontal, que são algumas das mais estudadas.

Estudos neurobiológicos indicam que a disfunção na neurotransmissão, especialmente envolvendo glutamato e serotonina, pode estar associada ao desenvolvimento do TEA. Além disso, são observadas alterações estruturais e funcionais em regiões específicas do cérebro, como o sistema límbico e os gânglios da base, em indivíduos com autismo (Kapczinski; Quevedo; Izquierdo, 2011).

A genética do TEA é outro aspecto relevante, com pesquisas indicando uma forte componente hereditária no autismo. Diversos genes identificados podem aumentar o risco de desenvolver o transtorno. A interação entre fatores genéticos e ambientais é crucial para entender a etiologia do transtorno.

Por exemplo, infecções maternas durante a gestação ou complicações perinatais podem elevar o risco de autismo em crianças geneticamente predispostas. A neuroimagem é uma ferramenta valiosa nestas pesquisas. Técnicas como a ressonância magnética funcional (RMf) e a tomografia por emissão de pósitrons (PET) revelam padrões de conectividade anormais e atividade cerebral atípica em pessoas com autismo. Esses achados ajudam a identificar as bases neurobiológicas do TEA e a desenvolver intervenções mais específicas (Kapczinski; Quevedo; Izquierdo, 2011).

No tratamento do TEA, as abordagens mais eficazes combinam intervenções comportamentais, educacionais e, em alguns casos, farmacológicas. A Análise do Comportamento Aplicada (ABA) é uma das estratégias mais utilizadas, demonstrando eficácia em melhorar habilidades sociais, comunicativas e comportamentais em indivíduos com TEA.

Enfatizamos assim, a importância da detecção precoce e da intervenção imediata. Crianças que recebem diagnóstico e tratamento precoces tendem a mostrar melhores resultados a longo prazo. A conscientização sobre os sinais iniciais do autismo e o treinamento de profissionais de saúde e da educação são fundamentais para garantir que as intervenções sejam iniciadas o mais cedo possível.

Adicionalmente, o autismo, assim como alguns transtornos neurodegenerativos, pode refletir deficiências na regulação de neurotrofinas, cruciais para o desenvolvimento e função neuronal. Disfunções nas neurotrofinas podem estar associadas aos sintomas observados no TEA (Purves et al., 2010).

A compreensão dessas bases biológicas e dos fatores envolvidos no TEA é essencial para desenvolver intervenções eficazes que possam melhorar a qualidade de vida das pessoas afetadas. A pesquisa contínua é necessária para elucidar os mecanismos subjacentes ao TEA e suas comorbidades, promovendo avanços no diagnóstico e no tratamento desta complexa condição (Kapczinski; Quevedo; Izquierdo, 2011; Purves et al., 2010).

ANÁLISE DO COMPORTAMENTO APLICADA (ABA)

A Análise do Comportamento Aplicada (ABA) é amplamente reconhecida como o padrão ouro no tratamento do Transtorno do Espectro Autista (TEA). Esta intervenção é extensivamente estudada e utilizada, com evidências robustas de eficácia na modificação de comportamentos e na melhoria de habilidades sociais e comunicativas.

ABA é uma abordagem científica derivada do behaviorismo, que se concentra na observação e modificação de comportamentos através da análise das interações entre o ambiente e o comportamento observável. Este método, fundado nos estudos de Pavlov, Watson, Thorndike e Skinner, utiliza o condicionamento operante para aumentar ou diminuir a probabilidade de certos comportamentos ocorrerem novamente, dependendo das consequências associadas a eles. A ABA, especialmente em sua forma intensiva e precoce, como a Intervenção Comportamental Precoce Intensiva (EIBI), é recomendada para crianças com TEA.

O sucesso do tratamento depende de ajustes contínuos e reavaliações periódicas para assegurar que as intervenções sejam adequadas às necessidades individuais de cada paciente.

Uma importante contribuição contemporânea ao entendimento do transtorno foi dada por Ole Ivar Lovaas (1927-2010), um psicólogo norueguês-americano e um dos pioneiros no campo da Análise do Comportamento Aplicada (ABA). Sua abordagem revolucionária no tratamento de crianças com Transtorno do Espectro Autista (TEA) tem sido amplamente reconhecida e utilizada mundialmente. Lovaas começou seus estudos no início da década de 1960, quando o conhecimento sobre o autismo era limitado e as intervenções eram muitas vezes inadequadas e ineficazes.

Ele desenvolveu o Método Lovaas, também conhecido como Ensino por Tentativas Discretas (DTT), uma aplicação específica da ABA para o ensino de crianças com autismo. Este método é baseado no condicionamento operante, um conceito introduzido por B.F. Skinner, que envolve o uso de reforços positivos para aumentar a probabilidade de repetição de comportamentos desejados. O ensino é dividido em pequenos passos, ou tentativas discretas, que são repetidas até que a criança adquira a habilidade ou comportamento alvo.

Na década de 1980, Lovaas publicou um estudo seminal que demonstrou a eficácia de seu método, onde relatou seu trabalho com um grupo de dezenove crianças com autismo, submetendo-as a um programa intensivo de ABA que envolvia mais de quarenta horas semanais de intervenção individualizada.

Os resultados foram notáveis: 47% das crianças que receberam o tratamento alcançaram níveis normais de funcionamento intelectual e educacional, enquanto apenas 2% do grupo controle, que não recebeu a intervenção ABA, apresentaram resultados similares. Este estudo foi um marco na área, estabelecendo a ABA como uma intervenção eficaz para o TEA (Lovaas; Smith, 1989; Lovaas, 1979).

O Método Lovaas enfatiza a importância de uma intervenção precoce, intensiva e estruturada. O programa geralmente começa na infância e envolve a participação ativa da família, que é treinada para aplicar as técnicas em casa, reforçando os aprendizados e promovendo a generalização dos comportamentos adquiridos em diferentes contextos. A abordagem personalizada do método permite ajustes contínuos para atender às necessidades individuais de cada criança, garantindo uma intervenção mais eficaz e adaptada.

Além disso, é posto que a Intervenção Comportamental Precoce Intensiva (EIBI), uma forma de ABA, é recomendada para crianças com TEA, pois os melhores resultados são obtidos quando as intervenções são intensivas e prolongadas, com pelo menos 27 horas semanais e duração superior a 24 meses. A cartilha também ressalta a necessidade de reavaliações periódicas, a cada seis meses, para ajustar o Plano Terapêutico Singular (PTS) conforme as necessidades evoluem (São Paulo, 2013).

A eficácia da ABA e do Método Lovaas tem sido corroborada por diversas pesquisas e meta-análises, que mostram melhorias significativas em habilidades sociais, comunicativas e comportamentais em crianças com TEA. Além disso, o método tem demonstrado resultados duradouros, com muitas crianças mantendo os ganhos obtidos durante a intervenção ao longo do tempo.

Apesar dos avanços e do reconhecimento, o Método Lovaas não está isento de críticas. Algumas preocupações incluem a intensidade da intervenção, que pode ser extenuante para algumas crianças e suas famílias, e a necessidade de uma abordagem mais holística que incorpore aspectos emocionais e sociais do desenvolvimento além dos comportamentais. No entanto, muitas dessas críticas têm sido abordadas através de melhorias contínuas e adaptações do método.

Ivar Lovaas fez contribuições significativas para o tratamento do Transtorno do Espectro Autista, estabelecendo a ABA como uma intervenção eficaz e cientificamente validada. Seu trabalho pioneiro continua a influenciar práticas terapêuticas e a melhorar a qualidade de vida de muitas crianças com autismo e suas famílias.

A abordagem intensiva e precoce do Método Lovaas, com ênfase na personalização e participação familiar, representa um marco no campo da psicologia e da educação especial, demonstrando que intervenções bem estruturadas e baseadas em evidências podem promover mudanças significativas e duradouras no desenvolvimento infantil (Lovaas; Smith, 1989; Lovaas, 1979).

Quais os Princípios da ABA?

A ABA se fundamenta em princípios científicos para entender e modificar comportamentos, promovendo o desenvolvimento de habilidades essenciais. Entre os principais princípios da ABA estão: Análise Funcional, Reforço Positivo, Desmembramento de Tarefas e Generalização, sobre os quais faremos uma breve explanação.

Análise Funcional

A Análise Funcional é um princípio central da ABA que se refere à identificação das causas e funções de comportamentos específicos. Segundo Luiselli (2023), a Análise Funcional envolve a observação sistemática de um comportamento para entender por que ele ocorre, considerando fatores ambientais e contextuais.

Ao identificar as causas subjacentes de um comportamento, os profissionais podem desenvolver intervenções mais eficazes e direcionadas para modificar comportamentos problemáticos e incentivar comportamentos desejáveis. Matos (2016) também ressalta que a Análise Funcional é fundamental para planejar intervenções individualizadas que levem em conta as necessidades específicas de cada pessoa.

Reforço Positivo

Outro princípio fundamental da ABA é o Reforço Positivo, que envolve o uso de recompensas para aumentar a probabilidade de um comportamento desejado ser repetido. Conforme descrito por Luiselli (2023), o Reforço Positivo é uma técnica poderosa, pois reforça comportamentos apropriados, incentivando a repetição desses comportamentos no futuro.

Matos (2016) enfatiza que o Reforço Positivo deve ser aplicado de maneira consistente e imediata, para que o indivíduo associe o comportamento desejado à recompensa recebida, o que maximiza a eficácia da intervenção.

Desmembramento de Tarefas

O Desmembramento de Tarefas é a prática de dividir habilidades complexas em passos menores e mais manejáveis, facilitando o aprendizado progressivo. Luiselli (2023) destaca que essa estratégia permite que indivíduos com dificuldades de aprendizagem adquiram habilidades de forma estruturada e gradual, o que é especialmente importante para crianças com TEA.

Matos (2016) complementa afirmando que o Desmembramento de Tarefas ajuda a evitar a frustração e a sobrecarga, permitindo que o aprendiz tenha sucesso em cada etapa antes de avançar para habilidades mais complexas.

Generalização

A Generalização é o processo de ensinar habilidades de maneira que elas possam ser aplicadas em diferentes contextos e ambientes. Luiselli (2023) explica que a Generalização é crucial para garantir que os indivíduos possam utilizar as habilidades aprendidas em situações diversas, fora do ambiente de ensino estruturado.

Matos (2016) acrescenta que, para promover a Generalização, é necessário variar os ambientes de ensino e as instruções, de modo que o indivíduo aprenda a aplicar as mesmas habilidades em situações cotidianas variadas.

Princípios como a Análise Funcional, o Reforço Positivo, o Desmembramento de Tarefas e a Generalização são essenciais para a aplicação eficaz dessa abordagem no desenvolvimento de habilidades em indivíduos com TEA e outras condições de desenvolvimento atípico. Suas aplicações permitem intervenções personalizadas e eficazes, promovendo um progresso significativo no desenvolvimento das capacidades dos indivíduos.

Sobre a Aplicação da ABA

Baseada em princípios científicos, a ABA se destaca por sua eficácia em diversas áreas, como a educação especial, o treinamento de habilidades sociais e a redução de comportamentos problemáticos. A seguir, discutiremos as principais aplicações da ABA nessas áreas.

Educação Especial

Uma das aplicações mais significativas da ABA é na educação especial, onde é utilizada para desenvolver planos de ensino individualizados para estudantes com necessidades especiais. Segundo Luiselli (2023), a ABA é especialmente eficaz na criação de programas educativos que atendem às necessidades específicas de cada estudante, permitindo que eles adquiram habilidades acadêmicas e funcionais de maneira estruturada e sistemática.

Os planos de ensino baseados na ABA são cuidadosamente planejados para incluir objetivos claros, métodos de ensino baseados em evidências e estratégias de avaliação contínua para monitorar o progresso do estudante.

Matos (2016) enfatiza que, na educação especial, a ABA permite que os educadores adaptem as instruções às habilidades e dificuldades individuais dos estudantes, promovendo um ambiente de aprendizagem inclusivo e responsivo.

Além disso, a ABA ajuda a criar um ambiente de ensino positivo, onde os estudantes são motivados a participar ativamente de seu processo de aprendizagem.

A utilização de técnicas de reforço positivo, por exemplo, é fundamental para incentivar os estudantes a desenvolverem novas habilidades e a generalizá-las para outros contextos.

Treinamento de Habilidades Sociais

Outra aplicação crucial da ABA é no treinamento de habilidades sociais, ajudando indivíduos a desenvolver interações sociais apropriadas. Conforme Luiselli (2023), a ABA oferece uma estrutura clara para o ensino de habilidades sociais, desde habilidades básicas, como fazer contato visual e seguir instruções, até interações mais complexas, como iniciar conversas e manter amizades.

O treinamento de habilidades sociais na ABA é frequentemente realizado através de simulações de cenários sociais, modelagem de comportamentos adequados e prática repetida em contextos variados.

Matos (2016) destaca que o treinamento de habilidades sociais é particularmente importante para indivíduos com TEA, que muitas vezes enfrentam desafios significativos nessas áreas. A ABA permite que os terapeutas identifiquem as áreas específicas em que o indivíduo precisa de suporte e desenvolvam programas personalizados para melhorar suas habilidades sociais.

Além disso, a abordagem ABA promove a generalização dessas habilidades, garantindo que o indivíduo possa aplicá-las em diferentes situações sociais, como na escola, em casa e na comunidade.

Redução de Comportamentos Considerados Problemáticos

A ABA também é amplamente utilizada para a redução de comportamentos considerados problemáticos, implementando estratégias para diminuir comportamentos prejudiciais ou disruptivos. Luiselli (2023) explica que, através da Análise Funcional, a ABA identifica as causas subjacentes dos comportamentos problemáticos, permitindo que os profissionais desenvolvam intervenções direcionadas para reduzir esses comportamentos de forma eficaz.

As intervenções geralmente envolvem a substituição dos comportamentos problemáticos por comportamentos alternativos mais apropriados, reforçando positivamente esses novos comportamentos.

Matos (2016) reforça que a ABA é eficaz na redução de uma ampla gama de comportamentos problemáticos, incluindo agressões, autoagressões e comportamentos disruptivos em sala de aula.

A implementação de técnicas como o reforço diferencial de comportamentos alternativos (DRA) e a extinção são estratégias comuns na ABA para lidar com esses comportamentos. Além disso, a ABA promove a participação ativa dos cuidadores e educadores no processo de intervenção, garantindo que as estratégias utilizadas sejam consistentes em diferentes ambientes e situações.

Entendemos assim que a ABA se qualifica como uma abordagem poderosa e versátil, amplamente aplicada na educação especial, no treinamento de habilidades sociais e na redução de comportamentos problemáticos.

Na educação especial, a ABA possibilita a criação de planos de ensino individualizados que atendem às necessidades únicas de cada estudante, promovendo o desenvolvimento acadêmico e funcional. No treinamento de habilidades sociais, a ABA ajuda indivíduos, especialmente aqueles com TEA, a desenvolver interações sociais apropriadas e a generalizar essas habilidades para diferentes contextos.

Por fim, na redução de comportamentos problemáticos, a ABA oferece estratégias eficazes para identificar as causas subjacentes dos comportamentos e implementar intervenções que promovam comportamentos alternativos mais apropriados. A eficácia da ABA em todas essas áreas é amplamente documentada, e sua aplicação contínua continua a oferecer suporte vital para indivíduos com necessidades especiais, permitindo-lhes alcançar seu pleno potencial e melhorar sua qualidade de vida.

Qual o Passo a Passo para Aplicação?

Esta abordagem é personalizada, o que significa que sua aplicação não existe "receita de bolo", não sendo possível esgotar todas as possibilidades de um treinamento em um único artigo ou capítulo de livro. Porém, levando em consideração os princípios discutidos anteriormente, podemos pensar em um exemplo hipotético e simplório de aplicação em um caso.

Imaginemos a seguinte situação: João, uma criança de 5 anos diagnosticada com autismo, não verbal, frequentemente grita e joga objetos quando está frustrado, especialmente durante a hora do lanche na escola.

O terapeuta que o acompanha faz a identificação e análise funcional e percebe que João grita e joga objetos quando não consegue abrir seu lanche sozinho. Sendo assim, ele formula uma hipótese: o comportamento ocorre devido à frustração e a uma tentativa de obter ajuda dos adultos.

Observe que o primeiro passo é a "identificação e análise funcional"; no entanto, fazer este registro não é algo tão simples como descrito no caso hipotético. O primeiro passo essencial no registro de comportamento é a definição clara e precisa do comportamento-alvo, no caso de João, gritar e jogar objetos (poderíamos ter outros tantos).

Isso envolve especificar exatamente qual comportamento problemático está sendo observado, como gritar ou jogar objetos, bem como o comportamento desejado, como pedir ajuda. A definição clara do comportamento permite que todos os envolvidos na intervenção tenham uma compreensão comum do que está sendo observado e medido.

Além disso, é importante estabelecer critérios de medição, definindo como o comportamento será mensurado, seja pela frequência, duração, intensidade ou outros parâmetros relevantes. Isso garante que os dados coletados sejam consistentes e comparáveis ao longo do tempo.

Ressaltamos que é parte importantíssima do trabalho que tudo seja registrado. A utilização de formulários e ferramentas adequadas é fundamental para a coleta eficaz de dados comportamentais. Fichas de registro padronizadas são comumente usadas para documentar as ocorrências de comportamento, incluindo colunas para data, hora, duração, intensidade e uma descrição detalhada do comportamento.

Além destas fichas tradicionais, a tecnologia oferece ferramentas adicionais que podem tornar o processo de registro mais eficiente. Aplicativos ou softwares específicos de ABA permitem a coleta e análise de dados em tempo real, facilitando a organização e interpretação dos dados para intervenções futuras.

A coleta de dados é uma etapa crítica do processo de intervenção, pois fornece a base para todas as análises subsequentes. A observação direta é a forma mais comum de coleta de dados, onde o terapeuta ou educador observa o comportamento em tempo real e registra as informações conforme elas ocorrem.

Outra técnica importante é o registro de incidentes, que detalha cada ocorrência do comportamento-alvo, incluindo os antecedentes (o que aconteceu antes do comportamento) e as consequências (o que aconteceu após o comportamento). Essa abordagem permite uma compreensão mais profunda dos fatores que podem estar influenciando o comportamento, oferecendo informações valiosas para a modificação comportamental.

E quais são esses dados? Na ABA, diferentes tipos de dados podem ser registrados, dependendo dos objetivos da intervenção. A frequência, ou seja, o número de vezes que o comportamento ocorre em um determinado período, é uma das medidas mais comuns.

A duração do comportamento, que indica quanto tempo ele dura, é outra métrica importante, especialmente para comportamentos que podem variar significativamente em duração. A latência, que é o tempo que leva para o comportamento ocorrer após um estímulo específico, e a intensidade, que mede o grau de severidade do comportamento, também são dados cruciais que podem informar a eficácia das intervenções implementadas.

Voltamos ao caso hipotético do menino João. Um exemplo de ficha de registro de comportamento pode incluir colunas para data, hora, comportamento, frequência, duração, antecedente, consequência e observações.

Por exemplo, em uma intervenção realizada em 05/06/2024 às 10:00, o comportamento de gritar foi registrado três vezes com uma duração total de cinco minutos. O antecedente foi a frustração do indivíduo ao não conseguir abrir um lanche, e a consequência foi a ajuda oferecida após ele ser incentivado a ficar calmo. Observações adicionais indicaram que o indivíduo usou um cartão visual duas vezes durante o incidente.

Tabela 1: Frequência do Comportamento de João (Elaboração do Autor)

Semana	**Frequência do Comportamento**
Semana 1	8 Vezes

Semana	Frequência do Comportamento
Semana 2	10 Vezes
Semana 3	6 Vezes
Semana 4	4 Vezes

Após a coleta de dados, é fundamental realizar uma análise cuidadosa para identificar padrões e tendências no comportamento. Isso pode ser feito através de gráficos e tabelas, que visualizam os dados e ajudam a identificar picos e quedas no comportamento ao longo do tempo.

Além disso, os dados podem ser compilados em relatórios de progresso, que oferecem uma visão geral do desenvolvimento do indivíduo e da eficácia das intervenções. Reuniões de equipe, envolvendo terapeutas, professores e pais, são essenciais para discutir os dados coletados e ajustar as intervenções conforme necessário, garantindo que o plano de tratamento continue a ser adaptado às necessidades do indivíduo.

Observe a **Tabela 1**. Ela traz um resumo do comportamento de João antes e depois da aplicação da intervenção. Na primeira e segunda semana, o comportamento foi observado na frequência em que ocorria. Ele jogou 8 e 10 vezes os objetos, respectivamente. A partir da terceira semana, foi aplicada a intervenção com cartões onde ele poderia pedir ajuda, e foi feita a conscientização de pais e professores.

Desta forma, o comportamento começou a reduzir. Isso enfatiza o fato de que o registro sistemático de comportamento é uma prática central na ABA, permitindo que os profissionais compreendam melhor os comportamentos, ajustem suas intervenções e promovam mudanças comportamentais duradouras. Cada passo, desde a definição do comportamento até a análise dos dados, contribui para um processo terapêutico mais eficaz e personalizado.

O passo seguinte, após a identificação e análise funcional, é a elaboração de um Plano de Ensino Individualizado (PEI). Segundo Luiselli (2023) e Matos (2016), o PEI é uma ferramenta essencial na educação de indivíduos com necessidades especiais, especialmente aqueles com Transtorno do Espectro Autista (TEA).

O PEI é um documento personalizado que estabelece metas específicas para o desenvolvimento de habilidades e define as estratégias de ensino que serão utilizadas para alcançar essas metas. O processo de desenvolvimento de um PEI eficaz envolve várias etapas cruciais, incluindo a definição de metas claras, a seleção de programas de ensino adequados e a implementação de estratégias de ensino apropriadas.

DEFINIÇÃO DE METAS DO PEI

A definição de metas é o primeiro passo no desenvolvimento de um PEI e um dos mais importantes. As metas devem ser claras, mensuráveis e específicas, de modo a direcionar o processo de ensino e permitir a avaliação do progresso. Segundo Luiselli (2023), as metas podem abranger uma variedade de áreas, como habilidades sociais, de comunicação, acadêmicas e de autocuidado.

Por exemplo, uma meta para habilidades sociais poderia ser "João iniciará uma conversa com um colega pelo menos três vezes durante a semana". A especificidade das metas permite que o progresso seja monitorado de maneira objetiva, o que é fundamental para ajustar o PEI conforme necessário.

Matos (2016) enfatiza que as metas devem ser desenvolvidas com base em uma avaliação abrangente das habilidades e necessidades atuais do indivíduo. Isso inclui uma análise funcional do comportamento, que identifica as áreas em que a criança apresenta dificuldades e onde necessita de maior suporte.

A definição de metas claras e mensuráveis também facilita a comunicação entre todos os membros da equipe de ensino, incluindo professores, terapeutas e pais, garantindo que todos estejam alinhados quanto aos objetivos do PEI.

Seleção de Programas de Ensino

Uma vez que as metas são definidas, o próximo passo dentro do PEI é a seleção de programas de ensino que abordem essas metas de maneira eficaz. Luiselli (2023) sugere que os programas de ensino devem ser escolhidos com base nas necessidades individuais da criança, garantindo que sejam adaptados para maximizar o desenvolvimento de habilidades específicas. Por exemplo, se a meta é melhorar a comunicação verbal, o programa de ensino pode incluir atividades que incentivem a expressão verbal em diferentes contextos.

Matos (2016) acrescenta que a seleção de programas de ensino deve considerar não apenas a eficácia comprovada dos programas, mas também a capacidade do programa de ser adaptado às preferências e motivações da criança. Programas de ensino baseados na Análise do Comportamento Aplicada (ABA), como o Ensino por Tentativas Discretas (DTT) e o Ensino Incidental, são amplamente utilizados devido à sua eficácia comprovada em pesquisas.

O DTT, por exemplo, é uma abordagem estruturada que envolve a divisão de habilidades complexas em passos menores, enquanto o Ensino Incidental utiliza oportunidades naturais de interação para ensinar habilidades específicas. A escolha do programa deve, portanto, refletir tanto as metas estabelecidas quanto as características individuais do aprendiz.

Estratégias de Ensino

A definição das estratégias de ensino é a etapa final no desenvolvimento do PEI, e essas estratégias são essenciais para garantir que as metas sejam alcançadas. Luiselli (2023) destaca que as estratégias de ensino devem ser escolhidas com base nas necessidades e habilidades da criança, bem como no ambiente de aprendizagem.

O DTT é uma estratégia frequentemente utilizada, especialmente para o ensino de habilidades discretas e específicas. Ele envolve a apresentação de uma instrução clara e a resposta esperada da criança, seguida por um reforço positivo se a resposta for correta. Essa abordagem estruturada é particularmente eficaz para o ensino de habilidades que exigem repetição e prática consistente.

Outra estratégia importante é o Ensino Incidental, que, conforme descrito por Matos (2016), envolve o ensino de habilidades em contextos naturais e cotidianos. Esta estratégia é menos estruturada que o DTT, mas é altamente eficaz para promover a generalização das habilidades aprendidas para diferentes ambientes e situações.

O Ensino Incidental aproveita as oportunidades espontâneas que surgem durante o dia para ensinar habilidades específicas, o que pode ser particularmente benéfico para crianças que respondem melhor a contextos menos estruturados.

A combinação de diferentes estratégias de ensino dentro do PEI permite que o plano seja flexível e responsivo às mudanças nas necessidades da criança. Além disso, a implementação dessas estratégias deve ser acompanhada de uma coleta de dados contínua para monitorar o progresso e ajustar o plano conforme necessário. A eficácia de um PEI depende da capacidade de adaptar as estratégias de ensino ao longo do tempo, garantindo que o ensino permaneça alinhado com o desenvolvimento da criança.

Ressaltamos que o desenvolvimento de um PEI eficaz é um processo colaborativo e dinâmico que requer a definição de metas claras, a seleção cuidadosa de programas de ensino e a implementação de estratégias de ensino apropriadas. A definição de metas mensuráveis permite que o progresso seja avaliado de forma objetiva, enquanto a escolha de programas de ensino adaptados às necessidades individuais garante que o ensino seja eficaz.

As estratégias de ensino, como o DTT e o Ensino Incidental, fornecem uma estrutura para o ensino de habilidades específicas e a promoção da generalização das mesmas. Como afirmam Luiselli (2023) e Matos (2016), um PEI bem elaborado é essencial para promover o desenvolvimento de habilidades em indivíduos com necessidades especiais, garantindo que eles alcancem seu pleno potencial em diferentes áreas de sua vida.

CONSIDERAÇÕES FINAIS

O Transtorno do Espectro Autista (TEA) é uma condição complexa e multifacetada que requer uma abordagem abrangente, integrando conhecimentos neurobiológicos e comportamentais para o desenvolvimento de intervenções eficazes. A Análise do Comportamento Aplicada (ABA) emerge como uma das principais ferramentas terapêuticas no manejo do TEA, oferecendo intervenções baseadas em princípios científicos sólidos, como a Análise Funcional, o Reforço Positivo, o Desmembramento de Tarefas e a Generalização.

A eficácia da ABA, especialmente quando aplicada de forma intensiva e precoce, é amplamente documentada, contribuindo significativamente para a melhoria das habilidades sociais, comunicativas e comportamentais dos indivíduos com TEA.

Além disso, o trabalho pioneiro de Ivar Lovaas, que desenvolveu o Método Lovaas e demonstrou a eficácia do Ensino por Tentativas Discretas (DTT), consolidou a ABA como uma intervenção padrão no tratamento do autismo.

Sua abordagem, que envolve a participação ativa da família e a personalização das estratégias de ensino, continua a influenciar práticas terapêuticas e educacionais em todo o mundo.

No entanto, o desenvolvimento de um Plano de Ensino Individualizado (PEI) eficaz exige uma colaboração contínua entre terapeutas, educadores e familiares, bem como uma adaptação constante às necessidades individuais do paciente.

A seleção cuidadosa de programas de ensino e a implementação de estratégias de ensino adequadas são fundamentais para garantir que as intervenções ABA sejam bem-sucedidas. A coleta sistemática e a análise de dados comportamentais são essenciais para monitorar o progresso e ajustar as estratégias conforme necessário, assegurando um desenvolvimento contínuo e bem-sucedido das habilidades do indivíduo.

A integração dos avanços nas pesquisas neurobiológicas e a aplicação rigorosa das intervenções comportamentais como a ABA demonstram o potencial de melhorar significativamente a qualidade de vida das pessoas com TEA.

Apesar dos desafios e das críticas, a ABA continua a evoluir, incorporando novos conhecimentos e adaptando-se às necessidades complexas e dinâmicas dos indivíduos com autismo. O compromisso com uma abordagem personalizada e baseada em evidências é fundamental para promover resultados duradouros e significativos, permitindo que os indivíduos com TEA alcancem seu pleno potencial e participem ativamente na sociedade.

REFERÊNCIAS

AMERICAN PSYCHIATRIC ASSOCIATION (APA). **Diagnostic and statistical manual of mental disorders:** DSM-5-TR. 5. ed. rev. de texto. Washington, DC: American Psychiatric Association, 2022.

KAPCZINSKI, Flávio; QUEVEDO, João; IZQUIERDO, Iván. **Bases biológicas dos transtornos psiquiátricos:** uma abordagem translacional. 3. ed. rev. e atual. Porto Alegre: Artmed, 2011.

LOVAAS, O. Ivar; SMITH, Tristram. **A comprehensive behavioral theory of autistic children:** paradigm for research and treatment. Behavioral Therapy and Experimental Psychiatry, v. 20, n. 1, p. 17-29, 1989.

LOVAAS, O. Ivar. Behavioral treatment and normal educational and intellectual functioning in young autistic children. **Journal of Consulting and Clinical Psychology**, Washington, D.C., v. 55, n. 1, p. 3-9, 1987.

__________. Contrasting illness and behavioral models for the treatment of autistic children: a historical perspective. **Journal of**

Autism and Developmental Disorders, v. 9, n. 4, p. 315-323, 1979.

LUISELLI, J. K. **Applied Behavior Analysis Advanced Guidebook:** A Manual for Professional Practice. Academic Press, 2023.

PURVES, Dale et al. **Neurociências**. 4. ed. Tradução de Carla Dalmaz et al. Porto Alegre: Artmed, 2010.

SÃO PAULO (Estado). Secretaria da Saúde; Secretaria dos Direitos da Pessoa com Deficiência. Protocolo do Estado de São Paulo de diagnóstico, tratamento e encaminhamento de pacientes com Transtorno do Espectro Autista (TEA). 1. ed. São Paulo.

Sobre os autores...

Professor Mestre Rafael Dias Silva – Doutorando em Educação pela Universidade do Porto, Mestre em Educação com ênfase em Formação de professores pela Universidade de Sorbonne, Pós-graduado em Educação Especial e Graduado em Ciências da Natureza pela Universidade de São Paulo (USP). Professor no Centro Universitário de Tecnologia Carlos Drummond de Andrade, pesquisador e formador de professores em acessibilidade no Museu do Louvre – Paris e membro do Conselho Internacional de Museus (ICOM) no Brasil e França, além de escritor e palestrante. E-mail: rafael.dias.silva@alumni.usp.br

Professora Fernanda Guglielmo Fernandes – Docente há trinta e oito anos, especialista em alfabetização, formada no Magistério em escola pública, pedagoga há trinta e dois anos, Neuropsicopedagoga clínica e institucional, intérprete de desenho. Casada, mãe de dois filhos lindos!

João Vitor Guglielmo Fernandes – Estudante, cursando o quarto semestre do curso de Administração de empresas. Trabalha no ramo de comércio de equipamentos de elevação.

Professora Mestre Rosana Auricchio – Doutoranda do Programa de Língua Portuguesa (PUC-SP), Mestre em Educação (UNICID), Especialista em Psicopedagogia (UNINTER), Graduada em Pedagogia (PUC-SP), Professora, coordenadora e gestora acadêmica com experiência de quarenta e três anos da Educação Infantil ao Ensino Superior, pesquisadora, autora e consultora educacional na Clínica Primeira Consulta. E-mail: roauricchio@yahoo.com.br

Leonam Auricchio da Silva – Pós-graduando em Psicologia Organizacional (UNICSUL), Pós-graduado em Legal Tech (PUC-Minas), Pós-graduado em Gestão de Pessoas (UNITEC), Bacharel em Direito (UNIDRUMMOND). Pesquisador e autor. E-mail: leoauricchio@hotmail.com

Professora Especislista Renata Cardoso Pinto – Autora, graduada em Pedagoga-Universidade Cidade São Paulo (UNICID), Pós-graduada em Neuropsicopedagogia (Censupeg), Pós-graduada em Psicanalista (Instituto Crivo), Especializada em Reabilitação Cognitiva – (Espaço Integrar – BH), Especializada em Terapia em Interpretação de Desenhos (Instituto Crivo) – Especializada em TEA, Especializada em Acessibilidade Curricular.Neuropsicopedagoga na Clínica Primeira Consulta e em diversas escolas da cidade de São Paulo. E-mail: renataccardoso2@gmail.com

Professor Mestre Jorge Marques Pontes – Graduado em Filosofia e Mestre em Políticas Públicas, com especializações em Gestão Pública, Saúde Pública, Neurociência e Psicopedagogia. Com uma carreira acadêmica de mais de 20 anos, leciona em cursos de Pedagogia, Psicologia e Direito. Exerceu a função de coordenador nos cursos superiores de Tecnologia em Gestão Hospitalar e Gestão Pública. Escritor e palestrante, sua vasta experiência acadêmica e interdisciplinaridade garantem uma visão abrangente e profunda nos campos da Neuropsicopedagogia e Educação. E-mail: prof.jorgepontes@gmail.com

Professor Especialista Norival Pinto – graduado em Educação Física (Universidade Mogi das Cruzes) atuando em escolas particulares há 37 anos, Pós-graduado em Fisiologia do Exercício (Universidade Veiga de Almeida), Pós-graduado em Recreação (Centro Universitário Santo André), Pós-graduando em Psicopedagogia (Instituto Pedagógico de Minas Gerais), Pós-graduando em Psicomotricidade (Instituto Pedagógico de Minas Gerais). Pesquisador, palestrante e autor. E-mail: nori.prof@gmail.com

Professora Especialista Grace Luciana Pereira – Psicóloga e pedagoga, especializada em Administração Geral, Vitimização de Crianças e Adolescentes, Orientação, Supervisão e Direção Escolar, com mais de 30 anos de experiência em formação continuada de profissionais da Educação atuando em diversos municípios e estados do Brasil. Formadora da Elos Educacional e Membro da equipe do Instituto Ame sua mente.

Por 8 anos fez parte da Equipe de Governo da Secretaria de Educação de São Bernardo do Campo. Produtora de objetos educacionais, formações presenciais e em EAD com ênfase em práticas pedagógicas disruptivas. Estudiosa do universo de jogos e gamificação na Educação. Atuante em relação à prevenção e promoção da saúde mental de docentes e discentes.

Professora Especialista Elaine Lindolfo – Formadora de professores/as e lideranças educacionais da Elos Educacional. Pós-graduada em Psicopedagogia, com aperfeiçoamento em Educação Pública pela USP e em Diversidade Étnico Racial pela UFABC, e Pedagogia pela FSA. Tem trinta e três anos de experiência como professora e coordenadora pedagógica em escolas de Educação Infantil e Fundamental. Na Secretaria de Educação de São Bernardo do Campo atuou como: encarregada da diversidade cultural; chefe da Seção da Educação Integral; Chefe de divisão de Incremento ao Ensino e na assessoria no Departamento de Ações Educacionais.

Jefte Editora

Graphien
Diagramação e arte